Den eigenen Traum leben

Dieses Buch ist meinem Sohn Jackson gewidmet.

Das Wissen in diesem Buch widerspiegelt meine Erfahrungen und meine Überzeugungen im Leben. Obwohl mein Sohn noch sehr klein ist (Jahrgang 2001), ist es mein Wunsch, dass er sich dieses Wissen eines Tages zu Herzen nehmen wird.
Als Leser können Sie demnach davon ausgehen, dass ich alles, was ich in diesem Buch erwähne, in bester Absicht beschrieben habe.

Norman Meier

Den eigenen Traum leben

Haftungsausschluss

Der Inhalt dieses Buches reflektiert mein Wissen und meine Erfahrungen nach bestem Wissen. Sämtliche Strategien und Tipps haben sich bei vielen Menschen als richtig erwiesen und sie haben die im Buch versprochenen Erfolge erzielt. Trotzdem kann weder ich, noch der Verlag kann für irgendwelche Schäden die Haftung übernehmen. Besten Dank für Ihr Verständnis.

Urheberrecht

Bitte beachten Sie, dass kein Teil dieses Buches in irgendeiner Form oder durch ein Verfahren reproduziert, durch Verwendung elektronischer Systeme gespeichert, vervielfältigt oder verbreitet werden darf, ohne vorher die Zustimmung des Autors eingeholt zu haben.

Sollten Sie von dem Inhalt jedoch begeistert sein, so empfehlen Sie es doch einfach weiter.

Ihr
Norman Meier

Herstellung: Books on Demand GmbH, Norderstedt
ISBN 3-908560-09-8

Internet

www.noeme.org

Inhalt

Warnung	7
Vorwort – Ein Sprung ins Ungewisse	9
Das Hamsterrad	11
Unternehmertum	25
Business Systeme	34
Die Wahrheit über Erfolg	48
Das Geheimnis des Selbstvertrauens	60
Selbstfindung	91
Die Macht der Klarheit	115
Finanzielle Freiheit	131
Die Vermarktung Ihrer Idee	152
Info – Preneurship	169
Mentale Stärke	182
Den eigenen Traum leben	201
Meine Bücherempfehlungen	217
Erkenntnisse auf einen Blick	219

Warnung

Das Buch, das Sie in der Hand halten, besitzt eine unglaubliche Energie. Es ist möglich, dass es Ihr Leben derart verändern wird, dass Sie auf allen Ebenen Ihres Lebens positive Veränderungen erleben werden.

Ich bin davon überzeugt, dass gewisse Bücher uns finden. Und nicht umgekehrt. Der Zeitpunkt für dieses Buch ist jetzt genau der richtige für Sie.

Dieses Buch wurde nicht nur zu dem Zweck erschaffen, dass Sie mehr Geld haben werden. Sie werden mehr Energie haben, mehr Selbstbewusstsein aufbauen, ein Gefühl von Stolz entwickeln, gesünder sein, mehr Disziplin haben, andere Bereiche erfolgreicher angehen, einen positiven Einfluss auf Ihre zwischenmenschlichen Beziehungen ausüben und vieles andere mehr.

Dieses Buch ist nichts für negative Menschen. Hören Sie nicht auf diese Leute, sondern befolgen Sie die Ratschläge und überzeugen Sie sich selbst von den Ergebnissen.

Sollten Sie sich dazu entschliessen, die Herausforderung anzunehmen, dann verspreche ich Ihnen, dass Sie es nicht bereuen werden.

Vorwort – Ein Sprung ins Ungewisse

Zuerst, als ich mir vornahm, über das Thema, das ich in diesem Buch behandle, zu schreiben, hatte ich einige Vorbehalte. Ich war mir nicht sicher, ob ich wirklich qualifiziert genug sei, über dieses Thema zu schreiben.

Manchmal kommt aber jemand an einen Punkt in seinem Leben, wo alles, was sie/er bisher getan hat, wie eine Vorbereitung auf etwas Grösseres scheint. Wir sind uns nicht ganz sicher, was es genau ist. Und wir haben fast Angst davor, was es sein könnte. Es spielt dabei keine Rolle, wie alt wir sind.

Irgendwann kommt der Moment im Leben, wo wir uns in uns selbst erkennen, dass wir jetzt einen Sprung ins Ungewisse machen müssen. Bis heute befand ich mich in einer sicheren Umgebung, in einem Gebiet, mit dem ich vertraut war und das leicht und einfach für mich war.

Nun muss ich springen, aber ich weiss nicht, ob ich es tatsächlich kann.

Diese Gefühle lassen sich sehr gut mit folgender Metapher vergleichen: Sie stehen an einem Abgrund. Der Abgrund ist so tief, dass Sie den Boden nicht sehen können. Sie wissen aber, dass Sie springen müssen. Es ist ein Sprung in ein neues Gebiet und Sie haben keine Ahnung, wohin Sie die Reise führen wird.
Während Sie springen, halten Sie sich an einem grossen Stein fest, der mit Ihnen zusammen in die Tiefe fällt. Dieser Stein widerspiegelt Ihre Realität oder Ihre Vergangenheit. Sie befürchten, dass wenn Sie den Stein loslassen, etwas Schlimmes passieren könnte. Auf der anderen Seite hilft Ihnen der Stein auch nicht weiter. All Ihre Erfahrungen, all Ihr Wissen und alles, was Ihnen vertraut ist, finden sich in diesem Stein wieder. Sie sind sich nicht sicher, warum Sie immer noch an Ihrem Stein festhalten. Und dann realisieren

Sie, dass wenn Sie ihn loslassen würden, dass sich gar nichts verändern würde.

Genau so fühle ich mich, wenn ich über dieses Thema schreibe. Etwas manifestieren zu können, bedeutet, dass ich meine Gedanken in die Realität umsetze und sie somit im alltäglichen Leben spüre. Ich bringe quasi etwas aus der geistigen Welt in die physische Welt.

Ich habe mir gesagt, dass ich alle meine Zweifel ablegen werde und über dieses Thema schreiben will.

Dr. Wayne Dyer, der bekannte Psychologe aus Amerika, sagte einmal folgendes:

„Wenn du wüsstest, wer neben dir auf dem Weg, den du gewählt hast, geht, dann würdest Du niemals mehr irgendwelche Angst spüren."

Und somit verlasse ich mich auf meinen Weg. Wohin er mich auch führen möge.

Norman Meier
www.noeme.org

Das Hamsterrad

Das ideale Leben sieht für viele folgendermassen aus: Guter Schüler sein, gute Noten erhalten, Studienabschluss mit Bravour, Heiraten, Haus kaufen, Hypothek aufnehmen, Kinder grossziehen, 2 neue Autos anschaffen, Kreditkarten bis zur Limite belasten, 40 Jahre lang hart arbeiten und Karriere machen. Nach einem Leben, in dem jemand immer alles richtig gemacht und alle Erwartungen erfüllt hat, darf er/sie sich mit einer kleinen Rente zur Ruhe setzen.

Diese Beschreibung ist das, was ich das Hamsterrad nenne. Genauso wie ein Hamster versucht seinem Rad zu entkommen, indem er immer schneller rennt, aber nie sein Ziel erreicht, „leben" viele Menschen heutzutage ihr Leben.
Es ist schon fast normal geworden, dass jemand diesen vorbestimmten Weg einschlägt.

War das schon alles?

Die oben aufgeführte Beschreibung passte einst ziemlich gut auf mein eigenes Leben.
Wenn mir heute diese Bilder durch den Kopf schiessen, fühle ich mich unwohl dabei. Die erste Hälfte der aufgezählten Punkte hatte ich bereits erreicht. Etwas stimmte aber einfach nicht. Ich fragte mich: War das wirklich schon alles?

Ach ja, ich wollte gerne mehr Geld haben. Dann wären alle meine Probleme gelöst gewesen. Aber wie komme ich zu mehr Geld? Ganz einfach: ich muss einfach härter und länger arbeiten.
Dazu hatte ich aber keine Lust. Meine Arbeit schmeckte mir sowieso nicht und noch mehr Zeit im Geschäft zu verbringen, würde mich wahnsinnig machen.

Was sollte ich denn nur tun? Meine Arbeit war nicht befriedigend und obwohl ich damals über 100'000 Euro pro Jahr verdiente, war ich nie richtig glücklich.

Warum bemühst Du dich nicht um einen besseren Job?

Oft kriegten wir zu hören: Geh zur Schule, krieg gute Noten and bemüh Dich um einen guten und sicheren Job.
Unser Verhältnis zur Arbeit hat sich im Verlaufe des Industriezeitalters stark verändert. Noch vor ungefähr 150 Jahren waren die meisten Menschen selbständig. Entweder hatten sie Ihren eigenen Bauernbetrieb, ihren eigenen Krämerladen oder sie arbeiteten sonst irgendwie für sich selbst. Erst später, als das Industriezeitalter anbrach und Fabriken aufgestellt wurden, gaben die Menschen Ihre Unabhängigkeit auf und arbeiteten für jemanden anderen.
In vielen Köpfen existiert heutzutage nur eine Realität, um im Leben etwas zu erreichen: Wie finde ich einen besseren Job? Die Möglichkeit, sich selbständig zu machen oder ein eigenes Unternehmen zu gründen, ist für viele weit weg. Selbständigkeit oder Unternehmertum wird von vielen als „zu risikoreich" angeschaut. Wir hören ja oft von Leuten, die etwas versucht und dann ihr ganzes Geld verloren haben. Der Gedanke, als Versager dazustehen, ist für viele ein Graus. Es ist doch viel einfacher, sich einen Job zu besorgen und dann von 8 bis 17 Uhr jeden Tag zur Arbeit zu gehen und sich keine Sorgen über Geld machen zu müssen.

In Wahrheit sorgen sich viele Menschen aber genau über dieses Thema. Nie ist genug da und irgendwann kommt jeder einmal an einen Punkt, wo er mit seiner Arbeit nicht mehr glücklich ist oder sich als Gefangener fühlt.
Warum geben die Menschen Ihre Freiheit auf und wählen stattdessen „Sicherheit"? Dazu gibt es mehrere Antworten:

1. Viele haben sich so viele Verbindlichkeiten oder Schulden wie Hypothek oder eine teuere Wohnung, Leasingzahlungen fürs Auto, Kreditkarten, Zahlungsverträge, etc. angeschafft, dass sie sich gar nicht in der Lage sehen, nur einen Monat mit der Arbeit auszusetzen.
2. Die meisten folgen einfach der Masse. Sie denken gar nicht darüber nach, dass sie das Leben auch anders leben könnten. Eine gute formale Ausbildung und eine Karriere in einem Unternehmen ist der einzige Weg, den sie kennen. Zudem spielt die Erwartungshaltung der Eltern oder der Gesellschaft eine grosse Rolle. Sie wollen ja ein akzeptiertes Mitglied der Gesellschaft sein.
3. Erfolg kann auch eine Falle sein. Wenn jemand bereits erfolgreich in einer Karriere steckt, will er nicht einfach alles aufgeben und wieder von vorne anfangen. Zudem hat er sich bereits an einen gewissen Lebensstandart gewöhnt und hat kein Interesse daran, diesen aufzugeben. Dass dadurch die persönliche Freiheit eingeschränkt wird und die Möglichkeit finanziell unabhängig zu werden gar aussichtslos wird, wird dann halt einfach als Tatsache akzeptiert.
4. Die meisten trauen es sich nicht zu, Ihr eigenes Unternehmen zu starten. Das Niveau Ihres Selbstvertrauens ist nicht gross genug. Auch wenn jemand sagt, dass er es schon tun könnte, aber eigentlich nicht will, dann glaubt er, meiner Meinung nach, im Inneren nicht wirklich, dass er es schaffen könnte.

Was bedeutet risikoreich? Erstens denke ich, dass es sehr viel mit Risiko zu tun hat, dass wir uns jeden Monat auf einen hereinkommenden Lohn verlassen müssen. Sollte aus irgendeinem Grund die Stelle verloren gehen, so stehen viele vor dem persönlichen Bankrott. Zweitens ist es äusserst riskoreich, wenn Sie jeden Monat Ihren Verbindlichkeiten wie Leasingzahlungen, Kreditkartenraten oder anderen Verbindlichkeiten nachkommen müssen. Ich möchte ja gerne, dass Sie sich die schönen Sachen leisten können. Sie sollten sie sich aber erst dann leisten, wenn Sie bar dafür bezahlen können.

Nichts raubt Ihnen mehr Energie und Freude, als wenn Sie ein Gefangener Ihres eigenen Konsumverhaltens geworden sind.

Viele Menschen verlassen sich auch darauf, dass der Staat irgendwie für sie aufkommen wird. Dies ist vor allem deshalb eine Illusion, da zum Beispiel die Rechnung der staatlichen Altersvorsorge schon lange nicht mehr aufgeht. Es gibt immer mehr alte Menschen und immer weniger Junge, die für die Alten aufkommen. Sich auf den Staat zu verlassen, ist schlichtweg naiv.

Ein Arzt sagte einmal, dass das Hauptproblem der heutigen Kranken, der „Brieftaschen-Krebs" sei. Wenn wir uns ständig um Geld Sorgen machen müssen, dann hat das einen schlechten Einfluss auf unsere Gesundheit. Durch den Druck, den wir uns selbst auferlegen, da wir uns in finanzielle Verbindlichkeiten einwickeln lassen, wird unsere Gesundheit stark in Mitleidenschaft gezogen. Dazu kommt, dass die über die Hälfte der geschiedenen Ehen auf finanzielle Probleme in der Ehe zurückzuführen sind. Geldsorgen können Beziehungen zerstören.

Inne halten

Manchmal kommen wir an einen Punkt in unserem Leben, wo wir alles in Frage stellen. Vielleicht sind wir sogar soweit, dass wir feststellen, dass wir ständig versucht haben, die Erwartungen anderer zu erfüllen und dabei selber nicht glücklich sind.
Wessen Erwartungen? Die Erwartung der Gesellschaft, der Eltern, des Chefs, des Partners, der Freunde, etc. Wir alle sind gefangen in der Ansicht, dass wir unser Leben in einer bestimmten Art und Weise leben müssen. Das schlimmste dabei ist die Angst, nicht mehr als akzeptiertes Mitglied der Gesellschaft angesehen zu werden. Und genau das ist das Hauptproblem vieler: Angst. Die meisten sind sich dessen gar nicht bewusst. Es ist schon ganz normal geworden, sich dem System und den Erwartungen anderer unterzuordnen. Aufstand bedeutet nur Schmerzen. Und da unser

physiologisches System darauf programmiert ist, entweder Freude anzuziehen oder Schmerzen zu vermeiden, machen wir unbewusst das, was uns am wenigsten Probleme bringt.

Irgendwann kommt jeder jedoch an einen Punkt, wo er/sie von allem genug hat. Wo einem bewusst wird, dass es so nicht weitergehen darf. Kennen Sie dieses Gefühl, wenn Sie so wütend sind, dass Sie einfach keine Kompromisse mehr eingehen wollen?

Das ist genau der Punkt, an dem die stärksten Veränderungen geschehen.

Alles beginnt mit einer Frage

Wenn wir uns die arbeitende Bevölkerung der Welt etwas genauer anschauen, werden wir folgendes feststellen:

5% der Menschen sind finanziell unabhängig
95% der Menschen werden niemals finanzielle Freiheit erreichen und werden im Alter vom Staat abhängig sein

Die Frage, die ich mir stellte, war folgende: Warum sind nur 5% der Menschen finanziell unabhängig und wie kann ich zu den 5% gehören?

Das Interessante an der Sache ist, dass sich viele Menschen diese Frage niemals stellen. Und wenn sie sie stellen, dann investieren sie keine Energie und Zeit in diese Frage und gehen gleich wieder zum alten und gewohnten Muster zurück.

Eine andere Statistik, die das Wall Street Journal veröffentlichte, scheint an diesem Punkt ebenfalls angebracht:

70% der Menschen leben von Monatslohn zu Monatslohn
62% der Menschen sagen, dass Geldmangel ihr grösstes Problem ist
95% der Paare streiten sich regelmässig über Geldprobleme

Dies ist wirklich eine traurige Statistik. Wenn Sie diese Zahlen anschauen, dann fragen sie sich vielleicht, warum die Menschen diese Situation nicht ändern wollen. Eventuell trifft diese Statistik sogar auf den einen oder anderen selber zu, der dieses Buch liest.
Ich glaube nicht, dass das Hauptproblem die mangelnde Motivation der Menschen ist, ihre persönliche Situation zu verändern. Vielmehr sind sich viele einfach nicht bewusst, dass sie sich in dieser Situation befinden und wissen vor allem nicht, *wie* sie aus diesem Trauma wieder rauskommen.

Die Quelle Ihres Erfolges

Wir leben heute im Computerzeitalter. Jedes Jahr kommen bessere und schnellere Computer auf den Markt. Nun stellen Sie sich vor, Sie hätten den absolut besten Computer in der Welt. Dieser Computer ist allem anderen um Lichtjahre voraus. Mit diesem Computer könnten Sie einfach Unglaubliches erreichen.
Stellen Sie sich nun vor, Sie würden auf diesem Computer eine Software einsetzen, die in den 80er Jahren als modern galt. Die Leistung der Hardware wäre nutzlos, da die veraltete Software die Leistung bremsen würde.

Genau gleich verhält es sich mit Ihrem Verstand. Sie besitzen den absolut besten Computer (Ihr Gehirn) in der Welt, aber speisen ihn mit der falschen Software. Diese Software hält Sie zurück und verhindert, dass Sie Ihr persönliches Potenzial erfüllen. In diesem Buch werden Sie die nötige Software erhalten, um alles, was Sie sich wünschen, auch erreichen zu können.

Als erstes sollten Sie verstehen, dass Sie selbst all das Potenzial bereits in sich tragen, um erfolgreich zu werden. Sie selbst sind die Quelle Ihres eigenen Erfolges. Es geht im Prinzip nur noch darum, dass Sie herausfinden, wie Sie das für sich am besten anstellen können.

Absolut jeder hat die Fähigkeit, innovativ zu sein, wenn das eigene Leben davon abhängt. (Akio Morita, Gründer von Sony)

Der Sinn Ihres Lebens

Ich möchte Ihnen helfen herauszufinden, wer Sie eigentlich sind und wozu Sie auf diese Welt gekommen sind. Ich glaube ganz fest daran, dass es die Aufgabe von jedem Menschen ist, zu erkennen, was der Sinn seines Lebens ist und dann mit ganzem Herzen daran zu gehen, sein Schicksal zu erfüllen.

Sie sind es sich und Ihrem Schicksal schuldig, Ihr Leben mit Vollgas zu leben und hören Sie endlich damit auf, mit angezogener Handbremse zu fahren.

Dieses Buch ist kein Buch, das alle Antworten auf alle Fragen hat. Vielmehr wird es Ihnen verschiedene Wege aufzeigen, wie Sie es anstellen können. Dazu braucht es aber Ihre Mithilfe. Sie werden nämlich nur dann am meisten aus diesem Text herausholen, wenn Sie sich dazu entschliessen, alle Übungen mitzumachen. Ich kann Ihnen versprechen, dass es sich für Sie lohnen wird, sich mit sich selbst auseinanderzusetzen.

Und schon geht's los

Fragen Sie sich ehrlich: Was will ich wirklich in meinem Leben? Was würde ich wagen zu träumen, wenn ich wüsste, dass ich nicht scheitern könnte? Was, wenn ich $100 Millionen auf dem Konto hätte und mir über Geld keine Sorgen machen müsste – Was würde ich dann tun?

Schreiben Sie doch ganz spontan auf, was Ihnen dazu einfällt:

_____
_____
_____
_____

Sehnsüchte

Es geht noch nicht darum, dass Sie konkret formulieren, was Sie wollen. Sie sollen sich lediglich darüber bewusst sein, was Sie sich im tiefsten Inneren Ihres Herzens wünschen. Was sind Ihre geheimsten Sehnsüchte? Was wollten Sie schon immer werden, sein oder haben? Vergessen Sie alle Einwände und Schwierigkeiten, die Sie dabei haben könnten. Wonach sehnt sich Ihre Seele? Wer sind Sie wirklich?

_____
_____
_____
_____

Ich möchte an diesem Punkt, das Sie eine Standortbestimmung Ihrer heutigen Situation durchführen.

- Wo stehen Sie im Moment?
- Wer oder was sind Sie?
- Haben Sie das Gefühl, dass Sie sich im Hamsterrad befinden?
- Ist Ihre Arbeit befriedigend?
- Sind Ihre Beziehungen erfüllend?
- Machen Sie sich Sorgen über Geld?
- Sind Sie gesund und voller Energie?

Soll das, was Sie in Ihrem Leben erreicht haben, schon alles gewesen sein?
Falls nicht, dann möchte ich Sie auf eine abenteuerliche Reise einladen.

Wie entkommen Sie dem Hamsterrad?

Ganz einfach: Indem Sie finanziell frei und unabhängig werden!

Die Antwort ist relativ einfach. Dies zu erreichen ist jedoch eine andere Sache. Führen Sie sich nochmals vor Augen, dass es von hundert Menschen nur fünf schaffen. Deshalb ist es wichtig, dass Sie ernsthaft an die Sache heran gehen.

Mein Ziel ist es, Ihnen die Augen in Bezug auf Geld und Arbeit zu öffnen. Ich möchte Ihnen aufzeigen, wie Sie es schaffen, aus dem Hamsterrad zu entkommen, ein Unternehmen aufzubauen, in dem Sie mit Spass an die Arbeit gehen und wie Sie finanziell frei und unabhängig werden.
Sie werden in diesem Buch konkrete Wege und Techniken finden, die es Ihnen ermöglichen, Ihren persönlichen Traum zu leben. Da ich mich selbst im Hamsterrad befand und einen Weg gefunden

habe, ihm zu entkommen, möchte ich mit Ihnen meine Erfahrungen teilen.

„Das kannst Du aber nicht." Eltern und Lehrer nahmen uns oft unseren „Geist" weg, da sie sich ihren eigenen Kindheitstraum selber nicht erfüllen konnten. Was Sie eigentlich damit meinen, ist „Ich kann das nicht." Lassen Sie sich nicht davon demotivieren, was andere sagen.

Warum ist viel Geld eigentlich so wichtig?

Viel Geld zu haben, bedeutet für mich nicht, dass ich einen teuren Sportwagen kaufen und das Geld zum Fenster rausschmeissen kann. Geld selber ist nur Ursache, nicht Wirkung. Viel Geld zu haben bringt mir vor allem Freiheit und Unabhängigkeit. Ich will viel Geld, damit...

- ich viel Zeit mit meinen Kindern verbringen kann und miterleben kann, wie sie aufwachsen.
- ich etwas Gutes tun kann und einen Teil meines Geldes für die Zwecke einsetzen kann, die mir in der Welt wichtig sind (z.B. Spenden).
- ich Arbeitsplätze schaffen kann und in meiner Gegend einen entscheidenden Beitrag dazu leiste, dass es den Menschen besser geht.
- mir die Zeit nehmen kann, mich um meine Gesundheit zu kümmern.
- ich die Möglichkeit habe, mit meiner Familie rund um die Welt reisen zu können.
- ich die Art von Arbeit machen kann, die mir am meisten Spass bereitet.

Aus diesen Gründen ist mir Geld wichtig!

Wenn Sie wirklich frei sein wollen, um das tun zu können, was Sie wirklich wollen, ist es in unserer Gesellschaft nicht möglich, ohne Geld auszukommen. Der einzige Weg, um ohne Geld auskommen, ist das Leben in der Wildnis ganz alleine oder irgendwo am Nordpol oder auf einer einsamen Insel in der Südesse zu verbringen, aber ich bezweifle, dass Sie dort langfristig glücklich wären.

Glauben Sie nicht an Mythen

Ich erinnere mich noch gut an die Zeit, in der ich verzweifelt Lotto gespielt habe. Die Chance, dass jemand jemals Millionär wird, ist fast gleich null. Wenn Sie dies heute auch noch tun, dann rate ich Ihnen, sofort damit aufzuhören. Das Geld ist einfach nur zum Fenster hinausgeworfen und nur die Lottogesellschaft und der Staat profitiert davon. Viel schlimmer ist aber, dass Sie Ihrem Unterbewusstsein dabei sagen, dass Sie selbst nicht an sich und Ihre Fähigkeiten glauben, selbst Millionär zu werden. Wenn Sie einigermassen gesund und klug sind, dann gibt es absolut nichts, was Sie davon abhalten kann, selbst finanziell erfolgreich zu sein oder es bald zu werden.

Ein zweiter Mythos ist, dass viele Menschen glauben, dass sie als Angestellter eines Tages reich sein werden und sich alle meine Wünsche erfüllen können.

Bevor wir anfangen, möchte ich, dass Sie sich folgendes merken:

Ihr Chef kann Sie nicht reich machen!

Wenn Sie wollen, dass sich zum Beispiel finanziell etwas in Ihrem Leben ändern soll, dann müssen Sie auch grundlegend etwas anders als bisher tun." Wer das Gleiche tut, was er/sie bisher immer getan hat, muss sich nicht wundern, wenn er/sie die gleichen Ergebnisse erzielt, die er/sie bisher immer erzielt hat.

Wenn Ihre einzige Einkommensquelle von Ihrem Job kommt und Sie am Ende des Portemonnaies immer noch so viel Monat übrig haben, dann werden Sie nie sehr weit kommen. Sie sollten sich dann grundsätzlich fragen, ob es nicht auch einen anderen Weg gibt.

Sicher, Sie könnten ein Leben lang sparen und dann irgendwann, wenn Sie alt geworden sind, davon träumen, Sie wären ein Millionär.

Es ist vor allem hier und jetzt an der Zeit, dass Sie die Verantwortung für Ihr Leben in die Hand nehmen und finanziell frei werden. Dabei können Sie weder auf ein Lottoglück hoffen, noch in der Illusion leben, dass Sie von Ihrer Arbeitstelle reich werden.

Manchmal müssen wir im Leben etwas riskieren. Andernfalls ist unser Leben davon bestimmt, was andere von uns erwarten.

Wie werde ich reich?

Dazu gibt es eine interessante Statistik über Self-made Millionäre.

10%	sind im oberen Management von Firmen und haben jahre lang gebraucht, bis sie in diese Positionen vorgestossen sind
10%	sind Spezialisten, wie zum Beispiel Ärzte, Rechtsanwälte oder andere hoch qualifizierte Spezialisten
5%	sind Verkäufer auf Provisionsbasis
1%	haben hat ihren Reichtum durch den Aktienmarkt, durch Erfindungen, im Show Business, als Schauspieler, als Musiker oder im Lotto erworben

Der Rest, nämlich...

74% der Millionäre haben als Unternehmer durch ihr eigenes Business finanzielle Unabhängigkeit erreicht.

_____
_____
_____
_____

Natürlich steht es Ihnen frei sich für irgendeinen Weg zu entscheiden. Ich glaube aber, dass Sie die besten Chancen als Unternehmer haben werden. (Vor allem, wenn Sie keine reichen Verwandten haben und nicht besonders gut singen oder schauspielern können....)

Heute – neue Spielregeln

Seien Sie sich bewusst, dass sich die Spielregeln in der heutigen Zeit dramatisch verändert haben. Was für Ihre Eltern noch als richtig galt, ist heute längst überholt.

In diesem Buch geht es darum, dass Sie herausfinden, wer Sie sind und was Sie glücklich macht. Das Ziel ist es dann, dass Sie mit diesem Wissen eine Tätigkeit und ein Unternehmen entwickeln können, dass sich optimal auf Sie ausrichtet, damit auch Sie finanziell frei und unabhängig werden.

Das Hamsterrad: Das Wichtigste im Überblick

- Absolut jeder hat die Fähigkeit, innovativ zu sein, wenn das eigene Leben davon abhängt.
- Als erstes sollten Sie verstehen, dass Sie selbst all das Potenzial bereits in sich tragen, um erfolgreich zu werden.

- Sie sind es sich und Ihrem Schicksal schuldig, Ihr Leben mit Vollgas zu leben.
- Ihr Chef kann (und wird) Sie nicht reich machen!
- Manchmal müssen wir im Leben etwas riskieren. Andernfalls ist unser Leben davon bestimmt, was andere von uns erwarten.
- 74% der Millionäre haben als Unternehmer durch ihr eigenes Business finanzielle Unabhängigkeit erreicht.

Unternehmertum

Die Chancen, um Millionär zu werden, sind als normaler Angestellter relativ gering. Die beste Möglichkeit bietet sich, wenn sich jemand selber ein Unternehmer aufbaut. Dieses Kapitel befasst sich mit diesem Thema. Ich möchte Ihnen aufzeigen, dass es gar nicht so schwierig ist, wie es oft scheint. Befolgen Sie die beschriebenen Schritte und Sie werden sehen, dass es auch für Sie möglich sein wird, ein Fundament für Ihr eigenes Business zu gestalten, um damit langfristig finanziell erfolgreich zu sein.

Entmutigende Statistik

Vielleicht haben Sie auch schon davon gehört, dass viele neue Unternehmen wieder verschwinden. Die Statistiken können recht erschreckend sein:

Jedes Jahr werden in den USA eine Million neue Unternehmen gestartet. Nach einem Jahr sind 40% nicht mehr im Business. Nach fünf Jahren sind 80% verschwunden und nach 10 Jahren sind von den verbleibenden auch nochmals 80% weg.

Wenn wir nur diese Statistik alleine betrachten, wirkt sie sehr entmutigend. Manch einer sagt sich dann: „Wieso soll ich denn ein Unternehmen starten, wenn die Chancen, dass ich es nicht schaffen werde, so sehr gegen mich sprechen?" Das war am Anfang sicherlich auch mein erster Gedanke.
Dazu muss aber folgendes angemerkt werden: Erwischen Sie sich dabei, wie Sie wieder in Ihr altes und bequemes Denkmuster zurückfallen. Wenn Sie jetzt nichts an Ihrer Situation oder an Ihrem Denken ändern, dann wird sich auch nichts in Ihrem Leben ändern.
Fragen Sie sich doch einmal, warum diese Statistik existiert. Die Gründe dafür werde ich Ihnen im Verlauf dieses Kapitels erläutern,

damit Sie sicherstellen können, dass Sie nicht die gleichen Fehler begehen, die andere begangen haben.

Schauen wir uns doch mal eine andere Statistik an:

90% der Unternehmen, die von Unternehmern gestartet wurden, die bereits einmal ein erfolgreiches Geschäft aufgebaut haben, werden langfristig erfolgreich.

Im Prinzip könnten wir auch sagen, dass die Menschen, die verstanden haben, wie ein Business funktioniert und dieses „geheime Wissen" besitzen, es immer wieder einsetzen können und genau wissen, dass Sie damit erfolgreich sein werden. Dabei spielt es nicht mal so eine Rolle, ob es sich um eine andere Branche handelt, denn die Gesetze des Unternehmertums sind immer die gleichen. Diese Unternehmer sind zuvor jedoch im Durchschnitt 3.8 Mal auf die Nase gefallen, bevor sie die entscheidenden Lektionen gelernt hatten.

Ich möchte Ihnen in diesem Kapitel aufzeigen, wie Sie ein erfolgreiches Unternehmen aufbauen können. Dieses „geheime Wissen" kann nämlich wie alles andere auch erlernt werden, ohne dass Sie die all die Rückschläge selbst hinnehmen müssen. Es gibt überhaupt keinen Grund, dass Sie nicht auch, wie tausende andere, ein erfolgreicher Unternehmer werden können.

Die vier Sektoren

Ich möchte Ihnen nun vier Möglichkeiten aufzeigen, wie Geld verdient werden kann. Dazu habe ich eine kleine Abbildung zusammengestellt:

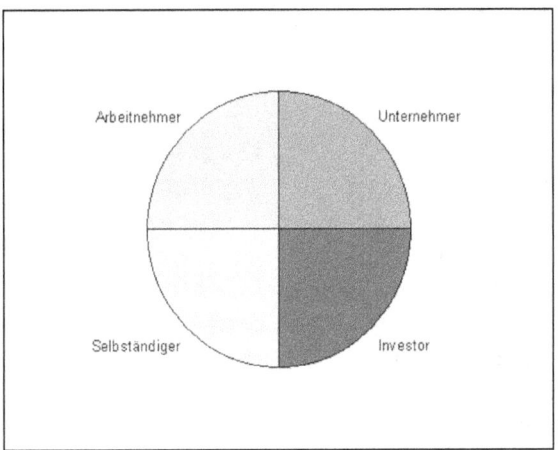

Arbeitnehmer

Im ersten Viertel ist der Arbeitnehmer. Die Hauptmotivation des Arbeitnehmers ist die Sicherheit. Er arbeitet für die Ziele des Unternehmens und stellt sicher, dass die Arbeit im Unternehmen getan wird. Sein Einkommen ist limitiert.

Selbständiger

Typische Berufe in diesem Sektor sind Ärtzte, Anwälte oder Verkäufer auf Provisionsbasis. Normalerweise sind diese Personen viel am arbeiten und Ihr Einkommen ist alleine von Ihnen abhängig. Im Prinzip gehört ihnen ihr eigener Arbeitsplatz.

Der Selbständige kann zwar sehr viel Geld verdienen, aber sobald er aufhört zu arbeiten, hört auch sein Einkommen auf zu fliessen. Er wird somit zum Sklaven seines eigenen Jobs.
Selbständige sind meist auch Spezialisten oder Perfektionisten. Wenn Sie sich zum Beispiel einer Gehirnoperation unterziehen müssten, dann möchten Sie doch auch, dass die Operation von einem Spezialisten und nicht von einem Allgemeinpraktiker ausgeführt wird. Dies ist eine absolute Stärke des Selbständigen, aber auch seine grösste Schwäche.

Unternehmer

Der Unternehmer ist der Firmen-Besitzer, der ein Business System kreiert hat und in dem Arbeitnehmer tätig sind. Er selbst stellt einen Geschäftsführer ein, der sicherstellt, dass die Arbeit getan wird. Der Geschäftsführer rapportiert an den Unternehmer. Der Unternehmer profitiert von Gewinn des Unternehmens und hat die Kontrolle über dieses. Er lenkt das Unternehmen in die gewünschte Richtung und muss nicht unbedingt im Tagesgeschäft tätig sein. Im Gegensatz zum Selbständigen generiert das Unternehmen ein Einkommen, welches unabhängig davon ist, ob der Unternehmer dort ist oder nicht.

Ursprünglich musste der Unternehmer eine Idee in die Tat umwandeln und ein System daraus entwickeln, welches von anderen bedient werden kann.

Investor

Der Investor ist zum Beispiel der Aktionär eines Unternehmens. Er investiert in Anteile und erhält anteilsmässig den Gewinn des Unternehmens in Form von Dividenden oder Kursgewinnen.
Der Traum vieler Leute ist es, eines Tages von den Zinsen Ihres Vermögens leben zu können. Investor zu sein bedeutet aber nicht nur,

dass in Aktien investiert wird. Genauso gut kann eine Investition in eine Immobilie ein monatliches Einkommen einbringen.

Zusammenfassung

Jede Art von Unternehmen ist eine Art von System. Im und rund ums System gibt es verschiedene Rollenverteilungen.

Arbeitnehmer	–	*Der Arbeitnehmer arbeitet im System.*
Selbständiger	–	*Der Selbständige ist das System.*
Unternehmer	–	*Der Unternehmer kreiert, besitzt und kontrolliert das System.*
Investor	–	*Der Investor investiert in das System.*

Angestellt, Selbständig, Unternehmer oder Investor?

Im Prinzip geht es in erster Reihe darum, dass Sie eine Arbeit tun, die Sie erfüllt. Dies kann natürlich als Angestellter möglich sein. Ich möchte Sie jedoch daraufhin sensibilisieren, dass Sie langfristig als Unternehmer finanziell weiter kommen und trotzdem das tun können, was Sie am meisten erfüllt.

Da ich selbst jahrelang als Selbständiger tätig war, kann ich Ihnen diese Richtung sicherlich auch empfehlen, da die Vorteile gegenüber angestellt sein, wirklich überwiegen können. Das einzige Problem beim Selbständigen sehe ich darin, dass er nach einiger Zeit ausgebrannt ist, weil er immer „am Rennen" ist. Das ist mir selbst auch passiert.

Investor zu sein und von seinen Zinsen leben können, ist wirklich ein Traum. Um so weit zu kommen, rate ich Ihnen, zuerst als Unternehmer Vermögen aufzubauen und nicht zu versuchen, an der Börse das Geld zu erspekulieren. Reiche Leute sind nämlich, entgegengesetzt der allgemeinen Meinung, nicht sehr risikofreudige Anleger. Die grossen Vermögen dieser Erde wurden nicht auf dem Börsenpakett erschaffen.

Unternehmer sein

Als Unternehmer können Sie Ihre eigenen Ideen in die Realität umsetzen. Sie können etwas erschaffen und damit Geld verdienen, ohne dass Sie die gleiche Arbeit bis an den Rest Ihres Lebens machen müssen. Sie haben die Möglichkeit, an einer einmal geleisteten Arbeit immer wieder zu verdienen. Zudem haben Sie mehr Freiheit als ein Angestellter oder Selbständiger, da Sie nicht ständig im Tagesgeschäft involviert sind.

Der Anfang

Im Prinzip können Sie innert einer Woche zum Unternehmer werden. Alles, was Sie tun müssen, ist eine Rechtsform auszuwählen, ein Konto zu eröffnen, Visitenkarten und Briefpapier drucken zu lassen, eine Webseite zu registrieren, eine zweite Telefonleitung mit Email-Anschluss installieren zu lassen, sich einen Telefonbeantworter und allenfalls ein Faxgerät zu kaufen oder eine Faxkarte auf Ihrem PC zu installieren.

Es gibt sogar verschiedene Serviceorganisationen, bei denen eine Telefonistin das Telefon mit Ihrem Firmennamen abnimmt und den Anruf dann an Sie weiterleitet.

Ihre Geschäftsmöglichkeiten werden dann schneller in Erscheinung treten, als Sie denken. Am Anfang würde ich sicherlich von zu Hause aus anfangen und erst später, wenn das Business wirklich Geld reinbringt, würde ich mir ein Büro mieten. Dies ist übrigens ein Fehler, den viele machen. Sie mieten sich zu Beginn teure Büros, die sie kurze Zeit später dann in den Ruin bringen. Sie sollten darauf achten, dass Sie sämtliche Fixkosten und Ausgaben so gering wie möglich halten.

Bezüglich der Rechtsform: Sie können auch in Amerika eine Corporation gründen, für die Sie für ca. 1000 bis 2000 Dollar Gründungskapital brauchen. Dies hat den Vorteil, dass Ihr privates Vermögen von Gläubigern geschützt ist, Sie Aktien oder Optionen an Mitarbeiter geben können und später eine Basis dafür haben, um Ihr Unternehmen an die Börse zu bringen.

Der Start ist das Wichtigste überhaupt. Es gibt unzählige Menschen, die zwar geniale Ideen haben, diese aber nie in die Tat umsetzen. Auch wenn Ihre Idee vielleicht zu Beginn noch nicht genial ist, dann erzeugt sie doch eine unglaubliche Energie, wenn Sie damit anfangen.

80% der Unternehmer haben ursprünglich mit einem anderen Produkt angefangen

Oft glauben wir, dass sich ein Produkt oder Service an den Mann/ Frau bringen lässt und wir stellen dann erst später fest, dass es sich nicht verkaufen lässt. Dabei geschieht es aber sehr oft, dass wir irgendwann herausfinden, dass wir mit einem anderen Produkt erfolgreicher wären. Dies konnte aber nur dann geschehen, wenn wir diese Erfahrung gemacht haben und mit Kunden über die effektiven Bedürfnisse gesprochen haben. Manchmal sehen wir eben eine Möglichkeit erst, wenn wir mitten im Geschehen sind.

Die Idee

Es gibt keine Begrenzung, womit Sie sich nicht Ihren Lebensunterhalt verdienen könnten. Es gibt nur die Begrenzung in Ihrem eigenen Kopf, mit 100% an die Sache zu gehen.

Wenn Ihnen die geeignete Idee fehlen sollte, dann machen Sie sich keine Sorgen. Am besten fangen Sie bei sich selbst an. Was würden Sie selbst gerne tun? Wie sollte das Produkt oder der Service aussehen, den Sie am liebsten anbieten würden?

Schreiben Sie einfach mal auf, was Ihnen dazu einfällt, ohne dass Sie alle Details dazu haben:

_____
_____
_____

Wir werden das Thema Ideen zu einem späteren Zeitpunkt noch genauer behandeln. Ich werde Ihnen im nächsten Kapitel einige Unternehmensbeispiele geben, die Ihnen als Inspiration dienen sollen.

Unternehmertum: Das Wichtigste im Überblick

- Arbeitnehmer – Der Arbeitnehmer arbeitet im System.
- Selbständiger – Der Selbständige ist das System.
- Unternehmer – Der Unternehmer kreiert, besitzt und kontrolliert das System.
- Investor – Der Investor investiert in das System.
- Der Start ist das Wichtigste überhaupt.
- 80% der Unternehmer haben ursprünglich mit einem anderen Produkt angefangen

- Es gibt keine Begrenzung, womit Sie sich nicht einen Lebensunterhalt verdienen könnten. Es gibt nur die Begrenzung in Ihrem eigenen Kopf, nicht mit 100% an die Sache zu gehen.
- Systeme schaffen – passives Einkommen erhalten.

Business Systeme

Hebelwirkung – Leverage

Gib mir einen Hebel, der lange genug ist und einen Platz zum Stehen und ich werde die gesamte Welt bewegen.
(Archimedes, 287 – 212 vor Christus)

Vielleicht haben Sie den Begriff „Leverage" schon einmal gehört. Er kommt aus dem Englischen und bedeutet Hebelwirkung.

Im Gegensatz zum Selbständigen, hat der Unternehmer eine Zutat, die ihn vom Selbständigen unterscheidet: Hebelwirkung. Auch wenn Sie von diesem Buch nichts für sich mitgenommen haben, dann hoffe ich doch, dass Sie wenigstens diesen Punkt kapieren werden. Er ist so wichtig und macht den ganzen Unterschied zwischen Armut und Reichtum aus.
Es gibt verschiedene Arten von Hebelwirkung. Ich habe hier einige, der wichtigsten aufgelistet:

1. Die Arbeitskraft anderer Menschen

Wenn Sie langfristig viel Geld verdienen wollen und ein grosses Unternehmen aufbauen wollen, dann müssen Sie sich absolut darüber im Klaren sein, dass Sie dies nicht alleine tun können.
Wenn Ihr Unternehmen wachsen soll, dann können Sie sich einfach irgendwann nicht mehr um alles kümmern.
Lassen Sie mich auch noch ein anderes Beispiel geben: Eine Person alleine arbeitet pro Tag neun Stunden. Natürlich könnte diese Person auch mehr Arbeit erledigt kriegen, in dem sie zwölf oder vierzehn Stunden pro Tag arbeitet. Aber irgendwann geht es an die Grenzen der menschlichen Leistungsfähigkeit und die Qualität der Arbeit würde wahrscheinlich auch abnehmen.

Wenn Sie das Unternehmen expandieren wollen, dann müssen Sie sich multiplizieren. Wenn zehn Mitarbeiter die Arbeit tun, dann werden pro Tag 10 x 9 Stunden Arbeit erledigt. Dies ist ein Vielfaches der Leistung, die ein Einzelner vollbringen kann.

Regel:
Wenn Sie mehr Geld verdienen wollen, dann müssen Sie das System expandieren, indem Sie mehr Leute einstellen, die eine gewinnbringende Arbeit erledigen (zum Beispiel für mehr Umsatz sorgen oder die Verkäufer sind).

2. Duplikation der Verkaufskanäle

Mal angenommen Sie hätten eine Wurstbude. Da Sie dort alleine arbeiten, können Sie sich damit einen Lebensunterhalt verdienen. Ihr Ziel sollte es nun aber sein, die Wurstbude so effizient wie möglich zu gestalten, dass sie dupliziert werden kann und dass an einem anderen Ort auch erfolgreich Würste, Hamburger und Pommes Frites verkauft wird. Sie sollten eine zweite Filiale eröffnen. Diese wird nicht den gleichen Gewinn abwerfen, da Sie ja einer anderen Person das Gehalt zahlen müssen. Sie sollte jedoch trotzdem einen kleinen Gewinn abwerfen. Irgendwann in der Zukunft sollten Sie aber 50 dieser Filialen besitzen, die zusammen wesentlich mehr Gewinn abwerfen, als Ihre erste Filiale, in der Sie übrigens nicht mehr arbeiten müssen.

3. Das Geld anderer Leute

Mal angenommen, Sie haben das Projekt geplant, dass Sie 50 Filialen aufbauen wollen. Wenn Sie nun aber 2000 Euro extra Gewinn von der zweiten Filiale bekommen, dann müssen Sie eine lange Zeit sparen, bis Sie das Geld zusammen haben, um die 50 Filialen aufbauen zu können.

Wenn Sie nun aber einen Geschäftskredit in der Höhe einer Million von einer Bank bekommen, dann können Sie die 50 Filialen sofort eröffnen und bereits ab sofort von dem höheren Gewinn profitieren.

Wenn Sie 2000 Euro x 50 multiplizieren, dann haben Sie ein Einkommen von 100'000 Euro pro Monat, von dem Sie den Bankkredit in kürzester Zeit abzahlen können.

Ein anderes Beispiel, das die Kraft der Hebelwirkung aufzeigt, ist das Aufbringen von Kapital durch Aktien. Mal angenommen Sie haben vor, das Unternehmen an die Börse zu bringen und verkaufen 50% Ihrer Aktien an den Kapitalmarkt. Vor dem Börsengang ist eine Aktie zum Beispiel einen Euro wert. Nachdem Ihr Unternehmen an die Börse gegangen ist, kostet eine Aktie 10 Euro. Die Masse der Menschen, die in Ihr Unternehmen investieren, sorgt für die nötige Hebelwirkung, um die Aktie in die Höhe zu treiben.

4.   Das Wissen anderer Leute

Wenn Sie keine Erfahrung oder Wissen in einem Gebiet besitzen, dann können Ihnen andere Menschen das nötige Know-how geben, die Sie zum Erfolg bringen. Dies kann durch verschiedene Wege geschehen.

Ein Coach oder Mentor, der selbst finanziell sehr erfolgreich ist, kann Ihnen die nötigen Ratschläge geben, so dass Ihr Unternehmen schneller vorankommt.

Ein Buchhalter, der bereits bei hundert anderen Unternehmen hilfreich zur Seite stand, kann Sie auf die nötigen potenziellen Gefahren hinweisen und somit verhindern, dass Sie die gleichen Fehler machen, wie andere Unternehmen sie gemacht haben.

Wenn Sie eine erfahrene Person einstellen, die sehr viel über Marketing und Verkauf Bescheid weiss, kann dies alleine Ihren Unternehmensgewinn mehrfach steigern.

Als letztes Beispiel möchte ich hier Bücher erwähnen. Oft sind jahrelange Erfahrungen einzelner Menschen als kompakte Information in einem Buch zusammengefasst. Von dieser Erfahrung können Sie mit relativ wenig Einsatz profitieren, was Ihnen den entscheidenden Vorteil bringen kann.

5. Internet

Das Internet ist eine weitere Form von Hebelwirkung. Indem Sie Ihre Seite Millionen von potenziellen Käufern zur Verfügung stellen, können Ihre Produkte oder Dienstleistungen in grossen Massen verkauft werden. Voraussetzung dafür ist, dass Ihre Seite entsprechend bekannt ist und dass Sie die nötigen Marketingmassnahmen einsetzen, um viele Interessenten auf Ihre Seite zu bekommen. Das Internet kann entweder als das einzige Verkaufstool oder als Unterstützung eingesetzt werden. Auch wenn Ihr Produkt nur fünf Euro kostet, können Sie grosse Gewinne mit geringem Aufwand erzielen, wenn Sie zum Beispiel 100'000 Kunden haben. Ohne diese Hebelwirkung wäre es für Sie praktisch unmöglich, so viele Kunden zu so tiefen Kosten gewinnen zu können. Sie müssten dann 100'000 Personen ansprechen oder 100'000 Briefe verschicken. Ein Email in dieser Grössenordnung kostet Sie gar nichts.

Natürlich gibt es viele andere Arten von Hebelwirkung. Es geht hauptsächlich darum, dass Sie für sich herausfinden, welche Hebelwirkung Sie für Ihr Geschäft einsetzen wollen. Dies ist ein Schritt, den viele Selbständige nicht machen. Manch einer könnte viel erfolgreicher sein, wenn er einen Weg finden würde, sich oder seine Verkaufsmöglichkeiten zu multiplizieren.

Ein Business System aufbauen

Oft werden Unternehmen von Menschen gestartet, die echte Spezialisten auf einem Gebiet sind. Sie wissen praktisch alles, was es über ihr Gebiet zu wissen gibt. Diese Personen arbeiten meistens für irgendeine Firma, die Produkte oder Dienstleistungen in dieser Branche vertreibt. Meist fühlt sich der Spezialist von der Firma oder seinem Chef ausgenutzt, da all sein Wissen eingesetzt wird, damit die Firma Umsatz generiert. Der Spezialist sagt sich dann, dass er, falls er sich selbständig machen sollte, viel mehr verdienen würde und dass sein Wissen eh viel besser ist, als die des Chefs.

Er mag zwar zweifellos mehr als sein Chef über dieses Gebiet wissen, erkennt aber nicht, dass sein Wissen alleine nicht ausreicht, um als Unternehmer erfolgreich zu sein.

Um ein Unternehmen wirklich erfolgreich zu machen, müssen Sie erkennen, dass der Unternehmenserfolg vor allem von den Systemen, die dem Unternehmen Umsatz und Produktivität bringen, abhängig ist. McDonald's, zum Beispiel, produziert nicht unbedingt die besten Hamburger der Welt, aber das Unternehmen ist ein Meister geworden, in der Produktion von Systemen, die dem Unternehmen Umsatz bringen.

Das System ist die Lösung. Nicht die Leute.

Techniker bilden kein System und sie tun die Arbeit selbst. Dadurch ist der Erfolg des Unternehmens von einer Person abhängig. Sobald diese Person aufhört zu arbeiten, leidet das Unternehmen. Das Leben ist ein System. Unser Körper ist ein System. Eine Software ist ein System. Alles ist ein System. Wenn Sie also ein erfolgreiches Unternehmen aufbauen wollen, dann müssen Sie ein System bilden.

Das Wichtigste ist die Produktion eines Prototyps, der immer wieder reproduziert werden kann.

Aufbau des Unternehmens

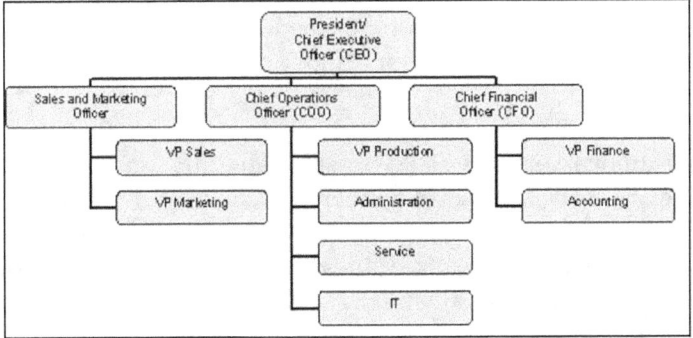

Auch wenn es am Anfang nur zwei Personen sind, die die Firma starten, so ist es entscheidend, dass es eine klare Rollenverteilung gibt. Dies ist vor allem für Partnerschaften die einzige Möglichkeit, dass es funktioniert. Mal angenommen, Sie wollen zusammen mit Ihrem Freund eine Firma gründen. Zuerst sollten Sie glasklar entscheiden, wer Präsident ist und wer welche Funktionen übernehmen wird. In der Tabelle finden Sie ein Beispiel einer simplen Unternehmensstruktur.

Obwohl es viele verschiedene Positionen und Aufgaben hat, so sollte jede Position von entweder Ihnen oder Ihrem Partner belegt werden. Das kann zum Beispiel bedeuten, dass Sie gleich zu Beginn fünf verschiedene Positionen belegen. Sobald Ihr Unternehmen wächst, können Sie weitere Positionen an neue Mitarbeiter abgeben. Die Firmenstruktur sollte morgen genauso aussehen, wie sie heute ist. Nur die Gesichter verändern sich.
Viele Partnerschaften scheitern, weil es zwei Präsidenten gibt und jeder hat eine eigene Vorstellung davon, wie das Unternehmen geführt werden soll.

Prototyp für 5000 andere Filialen

Ihr Ziel sollte es sein, einen Prototyp zu schaffen, der dupliziert werden kann. Nur so haben Sie die Möglichkeit, langfristig zu wachsen und zu expandieren. Es gibt dazu einige Regeln, die zu beachten sind:

1. Positionen müssen von Personen ausgeführt werden können, die auf einfachem Level operieren.

- Der typische Besitzer eines kleinen Unternehmens glaubt oft, dass er vor allem hochspezialisierte Personen einstellen muss. Dies ist oft falsch, da das System in sich funktionieren muss und nicht von einzelnen Leuten abhängig sein soll.

2. Operations and Sales Manual (Betriebshandbuch)

- Jede Position sollte in einem Betriebshandbuch genau definiert werden. Dadurch haben Sie die Möglichkeit zu sehen, wer was genau macht und können die Position duplizieren. Somit vermeiden Sie auch, dass Ihre gesetzten Standards nicht eingehalten werden. Sie sollten ein System mit Checklisten einführen, damit sichergestellt werden kann, dass nichts vergessen wird.

3. Klar definierter Kundenservice

- Es ist absolut notwendig, dass Ihre Kunden jedes Mal den gleichen Standard in Punkto Service erhalten, wenn sie mit Ihrem Unternehmen in Kontakt getreten sind.

Business Modelle

Ich möchte Ihnen an dieser Stelle einige konkrete Beispiele geben, wie ein Business System aufgebaut werden kann. Vielleicht inspirieren Sie diese Beispiele dazu, ein eigenes System zu kreieren.

System 1: Wert aus nichts erschaffen

Mein angeheirateter Cousin Asif hat ein wirklich interessantes System für sein Business ausgewählt. Er verkauft eine Plastikkarte in Kreditkartenform an Kunden. Die Kunden bezahlen $50 für die Karte und können damit zum Beispiel in einem teueren und angesehenen Restaurant fünf Mal für die Hälfte des Preises essen. Eine andere Karte berechtigte die Kunden 1 Mal gratis und 5 Mal für 50% Rabatt den lokalen Golfclub zu besuchen. Die Angebote verändern sich immer wieder. Das Prinzip ist jedoch einfach: Der Kunde zahlt für eine Karte einen gewissen Betrag und bekommt dadurch mehr Wert, als er bezahlt hat. Auf der anderen Seite geht mein Cousin Asif zu dem Restaurant Besitzer oder dem Golf Club Manager und verhandelt mit ihm folgendes: Er fragt ihn, ob er daran interessiert sei, mehr Kunden zu gewinnen. Er weist daraufhin, dass das Restaurant oder der Golf Club zu gewissen Zeiten unterbesucht ist. Indem er die Karte akzeptiere, könne er während den ruhigen Zeiten, auch wenn er nicht die ganze Marge hat, immer noch Gewinn machen und gewinnt dadurch regelmässige Kunden für die Zukunft. Somit gewinnen alle. Das wichtigste dabei ist jedoch, dass die Karte attraktiv für die Kunden ist.

Asif hat einen Geschäftsführer eingestellt, der diese Deals zusammenstellt und der zudem ein Verkaufsteam von 10 Verkäufern auf Provisionsbasis betreut. Der Geschäftsführer verdient ungefähr $70'000 pro Jahr und ist am Erfolg der Mitarbeiter beteiligt. Die Verkäufer sind typische „von Tür zu Tür Verkäufer" und können davon bestens leben. Das Business ist einer Stadt von ca. 100'000 Einwohnern und da immer wieder ein neues Angebot lanciert wird, können die Kunden mehrmals angegangen werden.

Im Prinzip verkauft Asif nur ein Stück Plastik. Die Produktion von 5000 Stück kostet ihn ungefähr $3500. Er macht damit mit seinem Business einen jährlichen Umsatz von $700'000 und erzielt einen Gewinn für sich von $170'000. Zu erwähnen ist noch, dass er sonst als Verkaufsmanager für eine andere Firma arbeitet. Er sagte mir, dass er ungefähr 1 bis 2 Stunden täglich mit dem Geschäftsführer telefoniert. Dies tue er jeweils am Abend.

System 2: Produkte von Anbietern auf Provision verkaufen lassen

Eine Versicherungsgesellschaft bezahlt beachtliche Provisionsbeträge für die Vermittlung ihrer Produkte. Für eine normale Lebensversicherung kann zum Beispiel eine Provision von 2000 Euro einbringen. Wenn Sie als Unternehmer zu der Versicherung gehen und einen Vermittlervertrag mit ihr abschliessen, so haben Sie nicht nur die Erlaubnis das Produkt zu verkaufen, sondern auch Zugang zu den neuesten Informationen und Produkten.

Als zweites sollten Sie dann Verkäufer einstellen, die Ihre Produkte für ca. 50 oder 60% der Provision vermitteln. Als Gegenleistung bieten Sie den Verkäufern ein Büro, das nötige Wissen und die Ausbildung, um im Versicherungsgeschäft tätig zu sein und die Unterstützung im administrativen Ablauf.

Damit es ein Business-System wird, müssen Sie vor allem darauf fokussiert sein, Verkäufer einzustellen, die dann den Umsatz bringen. Irgendwann sind einige der Verkäufer im Stande, andere Mitarbeiter zu schulen und neue zu rekrutieren. Sie selbst sollten Ihre Zeit nicht damit verbringen, selbst Verkäufe zu tätigen, sondern sich überlegen, wie Sie das System expandieren können.

Diese Art von System kann natürlich auf verschiedene Bereiche übertragen werden. Das Versicherungsbeispiel ist ein sehr typisches Beispiel. Sie können so aber auch Kapitalanlagen, Staubsauger, Maschinen, etc. verkaufen lassen.

System 3: Die Arbeitskraft anderer

Mal angenommen, Sie haben keine Ahnung von Kosmetik. Trotzdem könnten Sie damit ein Business-System erschaffen.
Sie mieten ein Ladenlokal für 1000 Euro im Monat. Sie stellen eine Kosmetikerin ein und bezahlen ihr 15 Euro pro Stunde. Sie arbeitet 40 Stunden die Woche, 4 Wochen pro Monat und bekommt somit 2400 Euro im Monat. Das Material für Schminke, falsche Nägel, etc. kostet Sie 600 Euro pro Monat. Somit haben Sie Fixkosten von 4000 Euro pro Monat.
Wenn Sie nun eine 75%ige Auslastung haben und den Kunden 50 Euro pro Stunde berechnen, dann haben Sie einen monatlichen Umsatz von 6000 Euro. Davon ziehen Sie nun die 4000 Euro ab und haben einen Gewinn von 2000 Euro monatlich.

Ohne, dass Sie überhaupt etwas von Kosmetik verstehen, können Sie, ein profitables Geschäft aufbauen. Vielleicht wenden Sie jetzt ein, dass die Kosmetikerin das ja auch selbst tun könnte. Das stimmt. Die Wahrheit zeigt jedoch, dass nur die wenigsten bereit sind, das finanzielle Risiko auf sich zu nehmen und lieber angestellt sind.

System 4: Billig produzieren lassen und teuer verkaufen

Ich erinnere mich noch gut daran, wie ein Verkaufsberater einer Modefirma zu uns ins Büro kam und massgeschneiderte Anzüge und Hemden aus Italien verkaufte. Er hatte eine Auswahl von Stoffmustern bei sich und erklärte anhand von Verkaufsfolien, wie vorteilhaft es doch sein würde, massgeschneiderte Kleidung zu tragen. Die Kunden konnten dann ein Modell und den Stoff auswählen. Der Verkaufsberater nahm mit Hilfe eines Messbandes die Masse des Kunden. Nachdem der Kunde das Bestellformular unterschrieben hatte, dauerte es 4 Wochen, bis der Kunde seinen Massanzug bekam.

In der Zwischenzeit wurde der Anzug in Italien von einer billigen Arbeitskraft produziert. Der Stoff und die Produktion kosteten nur ein Bruchteil der 800 Euro, die ein Anzug kosten konnte. Der Verkaufsberater arbeitete auf Provisionsbasis.
Das geniale an diesem Modell ist, dass das Produkt nicht vom Unternehmer zuerst eingekauft und dann irgendwo gelagert werden muss. Die Produktion erfolgt erst dann, wenn ein konkreter Auftrag vorliegt.

Vielleicht haben Sie ja Kontakt oder Beziehungen zu etwas, das sich irgendwo anders billig produzieren lassen und das dann teuer weiterverkauft werden könnte.

<u>System 5: Short Selling – Etwas verkaufen, das man gar nicht besitzt</u>

In der Finanzwelt bedeutet der Begriff „Short Selling", dass man zum Beispiel eine Aktie verkaufen kann, obwohl man sie gar nicht besitzt. Man verkauft also zuerst etwas und kauft es dann später, um die Transaktion zu vervollständigen. Was sich in der Form relativ theoretisch anhört, ist im alltäglichen Leben völlig normal. Es geschieht zum Beispiel, wenn Sie ein neues Auto bestellen.

Mal angenommen, Sie möchten einen Computer für 2000 Euro verkaufen. Sie haben die Möglichkeit, diesen Computer beim Produzenten für 1000 Euro zu beziehen. Sie verkaufen nun dem Kunden einen Computer, den Sie gar noch nicht besitzen, organisieren ihn beim Lieferanten und liefern ihn dem Kunden innert wenigen Tagen.
Somit verdienen Sie 1000 Euro für die Transaktion. Anstatt, dass Sie den Computer selbst den Kunden verkaufen und somit zum Verkäufer werden (Selbständiger), inserieren Sie in einer Zeitung und lassen sich die Bestellungen entweder per Internet, Fax oder Ihrer Telefonistin geben. Die gesamte Transaktion soll als System funktionieren: Die Bestellung des Kunden, der Kaufauftrag beim Lieferanten und die Abwicklung (Post, Rechnung, etc.) durch einen Administrations-Mitarbeiter.

System 6: Verkauf von Information

Vielleicht haben Sie ein Hobby oder Erfahrungen in einem speziellen Gebiet. Dieses Wissen ist für Sie vielleicht nichts besonders. Für jemanden anderen könnte dieses Wissen aber eine Offenbarung sein. Jeder hat in irgendeinem Gebiet ein Wissen, das er anderen weitergeben könnte.
Es steht auch jedem frei, ein Buch zu schreiben. Dieses Buch können Sie im Book-on-Demand-Verfahren produzieren lassen. Die Kosten für die Produktion sind ungefähr 1000 Euro, je nachdem wie viel Vorarbeit in Bezug auf Layout, etc. Sie selbst leisten können.
Zusätzlich können Sie ein Seminar zum Buch zusammenstellen, wo Sie die wichtigsten Punkte praktisch behandeln. Dieses Seminar können Sie dann filmen und schliesslich auch die Videos (oder DVDs) verkaufen. Viele nehmen ihr Buch auch in einem Tonstudio auf und bieten Kassetten oder CDs an. Zusätzlich zum Buch können Sie auch ein Arbeitsheft mit Übungen zusammenstellen.
Wie Sie sehen, sind die Möglichkeiten vielseitig. Sie können die Produkte einzeln oder auch als Paket verkaufen. Am besten entwerfen Sie eine Internetseite, wo die Produkte gekauft werden können und verwenden weitere Marketingmassnahmen, die auf Ihre Produkte hinweisen.
Beispielsweise könnten Sie 6 Audiokassetten inklusive Arbeitsbuch für 399 Euro, das Seminar für 995 Euro und 2 Videos für 199 Euro verkaufen.
Ein ehemaliger Ladendieb verkaufte seine Produkte an Firmen, damit diese sich besser vor Ladendieben schützen konnten. Mit dieser Strategie verkaufte er Produkte im Wert von über $500'000 pro Jahr.

Einfach ein Buch zu schreiben und hoffen, dass es sich im Buchladen verkauft, ist nicht genug. Seien Sie ein wenig kreativ, wie Sie die Informationen verkaufen. Zudem müssen Sie eine Basis dafür schaffen, dass die Produkte an den Kunden gelangen. Verwenden Sie dazu verschieden Strategien und schaffen Sie aus der Information ein System.

Welche Unternehmensstrukturen haben Leute erfolgreich gemacht?

1. Normales Geschäft, zum Beispiel eine Kleiderreinigung, wurde in eine Profitmaschine umgewandelt, indem es einfach ein bisschen besser als die anderen gemacht wurde. (Verkauf von eigener Marke)
2. Service Business: Die meisten Leute sind heutzutage unter Zeitdruck. Da viele bequem sind, gibt es viele Möglichkeiten, ein Business daraus zu machen.
3. Ein Geschäft funktioniert an einem Ort, also funktioniert es auch an einem anderen Ort. Alles, was Sie tun müssen, ist es zu duplizieren. (Beispiel Mc Donald's)
4. Direkte Vermarktung: Keine Mittelsmänner, die ebenfalls am Produkt verdienen.

Franchise-Systeme machen einen nicht wirklich reich. Reich werden Sie nur, wenn Sie exklusive Besitzrechte oder Kontrolle über ein Produkt besitzen. Dadurch haben Sie die volle Marge.

Die wirklichen Business Ideen sind unbedingt „sexy". Es geht lediglich darum etwas Bestehendes zu nehmen, das funktioniert und etwas besser zu machen.

Die magische Formel

$$Ideen + OPM + OPT = Profit$$

OPM = Other people's money
OPT = Other people's time

Grundsätzlich ist der Aufbau eines Business Systems relativ simpel. Wenn Sie eine gute Idee haben, das Geld beschaffen können und Menschen einstellen, die die Arbeit ausführen, dann machen

Sie Profit. Ihr Job ist es, das Ganze zu organisieren und die Ideen zu haben.

95% sollte ohne Sie funktionieren und 5% funktioniert mit Ihnen, weil Sie es gerne tun. Bilden Sie Ihr Geschäft auf diese Art und Weise von Anfang an. So, dass es ohne Sie läuft.

Business Systeme: Das Wichtigste im Überblick

- Benutzen Sie Leverage (Hebelwirkung) in Ihrem Business.
- Schaffen Sie ein System, das nicht von Ihnen abhängig ist.
- Automatisieren Sie Prozesse so viel wie möglich.
- Stellen Sie Mitarbeiter ein, die Umsatz schaffen.
- Kreieren Sie einen Prototyp, der dupliziert werden kann.

Die Wahrheit über Erfolg

Zu viel des Guten

Haben Sie alle möglichen Bücher über Erfolg, Unternehmertum und Persönlichkeitsentwicklung gelesen und sind Sie immer noch auf der Suche nach der Möglichkeit, Millionär zu werden?
Ich weiss genau, wie Sie sich fühlen. Die Beschreibung passt exakt auf mich zu.
Ich war gefangen in einem Zyklus von Erfolgsliteratur und schien nie auf einen grünen Zweig zu kommen. Über die letzten 10 Jahre habe ich über 500 Bücher gelesen, 100 Audio Programme angehört und unzählige Seminare besucht. Ich habe so viel über Erfolgspsychologie gelesen, dass ich locker dafür einen Uniabschluss bekommen könnte.
Irgendetwas hat aber immer gefehlt. Ich war bereit. Ich war willens zu lernen, zu planen, Ziele zu setzen, entschlossen und bemühte mich immer positiv zu denken. Was war es, das mir die Erfolgs-Gurus nicht beibrachten?

Das Gesetz des Wachstums

Interessanterweise war ich nicht allein in dieser Situation. Tausende von Menschen wie ich waren süchtig nach Erfolgswissen. Ich habe viele tausend Euro für dieses Wissen ausgegeben und musste feststellen, dass ich nicht einen Cent dabei verdient hatte. Ich habe ständig in einer Traumwelt gelebt und hoffte, dass ich irgend eines Tages die entscheidende, geniale Idee finden würde, die mich zum Millionär machen würde. Meine Planung sah quasi so aus, dass ich innerhalb von 2 oder 3 Jahren mit der richtigen Idee Millionär sein sollte. Dabei vergass ich, eines der Naturgesetze zu beachten: Das Gesetz des Wachstums. Es besagt, dass wir Schritt für Schritt an ein Ziel gelangen.

Dabei wurde mir folgendes klar:

Wie kann jemand 1 Million verdienen, ohne vorher jemals 100'000 Euro gemacht zu haben? 100'000 Euro verdienen, ohne vorher jemals 10'000 Euro gemacht zu haben? 10'000 Euro verdienen, ohne vorher jemals 1000 Euro gemacht zu haben!

Natürlich versuchte ich, mit meinen Ideen, eine Million neben meinem Job zu verdienen und hoffte damit insgeheim, mich von meinem Job, den ich längst als unbefriedigend empfand, zu lösen.
Ich erkannte nicht, dass ich in Harmonie mit dem Gesetz des Wachstums arbeiten musste und es nicht einfach überspringen konnte.
Die meisten Menschen versagen, weil sie versuchen viel zu viel auf einmal zu erreichen. Erfolg ist ein wachsender Prozess, der Schritt für Schritt erreicht werden muss.

Im Prinzip ist es ganz einfach:

Wollen Sie 50 kg verlieren?
Dann müssen Sie zuerst einmal ein Kilo verlieren.

Wollen Sie den Mann oder die Frau Ihrer Träume heiraten?
Dann ist das Wichtigste die erste Verabredung.

Wollen Sie das Diplom für den Ausbildungsabschluss?
Dann müssen Sie zuerst die erste Klasse beenden.

Seit 10 Jahren versuchte ich eine Million zu machen, ohne dass ich bisher überhaupt 100 Euro als Unternehmer gemacht hatte! Was für ein Witzbold ich doch war.

Dieses Konzept ist so entscheidend, dass es oft einfach übersehen wird. Dieses Konzept ist vielleicht nicht „sexy" oder genial, aber jede erfolgreiche Person kann Ihnen dies bestätigen. Hören Sie bitte auf, falls Sie so wie ich einst, im Fantasieland zu leben.

Der erste finanzielle Erfolg

Vielleicht möchten Sie auch nur 10'000 Euro mit Ihrer Idee verdienen. Sie brauchen aber zuerst einmal einen kleinen Erfolg von zum Beispiel 200 Euro, damit Sie grössere Zahlen anstreben können. Nur Bücher über Erfolg zu lesen, bringt Ihnen nicht wirkliches Persönlichkeitswachstum.

Der Zeitpunkt, an dem Sie Ihren ersten finanziellen Erfolg erreicht haben, wird einer der wichtigsten Momente in Ihren Leben als Unternehmer sein.

Alles, was Sie tun können, ist was Sie heute bereits tun können. Wenn Sie noch nie eine Million in einem Monat verdient haben, wieso denken Sie denn, dass Sie es im darauf folgenden Monat schaffen könnten? Wir müssen einfach ein wenig mehr realistisch mit uns sein. Das bedeutet nicht, dass Sie eine negative Einstellung annehmen werden.

Ihr erster finanzieller Erfolg wird Ihnen folgendes bringen:

1. Mehr Glaube in Ihre Fähigkeiten
2. Mehr Selbstvertrauen
3. Sie werden sich gut fühlen
4. Sie werden willens sein, sogar mehr zu tun

Es ist nicht speziell, aber es ist die Wahrheit. Überlegen Sie sich doch, wie Sie sofort oder innert einer Woche die ersten 200 Euro verdienen könnten.
Zuerst brauchen Sie einen ersten Erfolg. Das ist das oberste Ziel. Sobald Sie dieses Ziel erreicht haben, werden Sie die Dinge automatisch auf die nächste Ebene bringen.

Das Gesetz der Konzentration

Die Erfolgshungrigen werden nun nochmals vor den Kopf gestossen. Bis jetzt haben Sie vielleicht versucht gleichzeitig 3 verschiedene Geschäftsideen in die Tat umzusetzen, obwohl sie nicht „eine müde Mark" damit verdient haben.

Am Anfang können Sie einfach nicht gleichzeitig verschiedene Dinge tun und erwarten, dass Sie alle erfolgreich umsetzen können. Sie müssen sich auf eine Idee konzentrieren und dann vollständig durchziehen.

Wenn Sie sich nur auf eine Sache konzentrieren und alles geben, dann wird Ihre Erfolgschance wesentlich höher sein. Fragen Sie sich immer wieder, wie Sie diese eine Sache am besten umsetzen können. Irgendwann wird Ihnen Ihr Unterbewusstsein die entscheidenden Antworten geben.

Konzentration ist wie die Kraft mit einem Vergrösserungsglas, wenn die Sonne darauf scheint. Durchschnittliche Menschen erreichen oft mehr als Genies, nur weil sie sich voll auf eine Sache konzentrieren. Mal angenommen, Sie würden sich nur auf eine wichtige Sache in Ihrem Leben konzentrieren, wie würde sich das auf den Erfolg in diesem Bereich auswirken?

Die Macht Ihrer eigenen Kraft

Sie brauchen keine Erfolgs-Gurus. Selbstvertrauen kommt von kleinen Erfolgen, aber niemand bringt uns bei, wie wir diese erreichen. Geben Sie also nicht Ihre Kraft weg.
Die Erfolgs-Gurus bringen Ihnen nicht bei, Baby-Schritte zu machen. Sie brauchen einfach finanzielle Erfolge, um Ihr Selbstbewusstsein aufzubauen. Danach können Sie auch Ihre finanziellen Umstände „upgraden".

Ihre finanzielle Freiheit

Wie Sie ja wissen, ist es viel einfacher ein Ziel zu treffen, wenn Sie es sehen können. Leider machen viele genau diesen Fehler. Sie machen all Ihre Chancen auf Erfolg zu Nichte, in dem Sie ein Ziel anstreben, das Sie nicht sehen können. Zu viele Menschen sind einfach verloren in der Idee, Millionär in einer Nacht oder einem anderen unrealistischen Zeitraum zu werden, so dass die Chance, dass sie es jemals erreichen werden, gleich null ist. Es ist wie das Glücksspiel in einem Casino. Längerfristig gewinnt immer das Casino und nicht die Spieler.

Sie sind wahrscheinlich näher dran, als Sie glauben.

Finanziell frei bedeutet, dass Ihr passives Einkommen das Total Ihrer monatlichen Ausgaben deckt.

Wir zielen alle auf den Mond und landen nirgendwo. Wir müssen uns auf unsere finanzielle Freiheitsnummer konzentrieren, da sie uns unsere Zeit und unser Leben wieder zurückbringt.

Wie hoch sind Ihre monatlichen Kosten? _____

Der Plan

Schritt 1: Der erste finanzielle Erfolg

Sie müssen etwas tun, das innerhalb Ihrer jetzigen Möglichkeiten liegt. Wählen Sie ein Ziel von 500 Euro oder weniger. Wie wäre es zum Beispiel mit 200 Euro?
Sie sind dann erfolgreich, wenn Sie den ersten Schritt unternommen haben und effektiv damit Geld verdient haben.

Schritt 2: 500 bis 1000 Euro

Nachdem Sie nun zum Beispiel 200 Euro verdient haben, geht es nun darum, den Betrag zu erhöhen.

Schritt 3: Machen Sie Ihren ersten Euro aus passivem Einkommen.

Der erste Euro aus passivem Einkommen, wird der wichtigste Euro sein, den Sie jemals verdient haben.

Wie kreiert man passives Einkommen? Passives Einkommen ist das Einkommen, welches durch ein System generiert wird. Dabei ist es entscheidend, dass Sie eine Arbeit einmal gemacht haben und dann das System immer wieder Geld reinbringt, ohne dass Sie weiterhin etwas dazu tun müssen.

Schritt 4: Erhöhen Sie Ihr passives Einkommen auf 100 bis 500 Euro pro Monat

Expandieren Sie Ihr System und erhöhen Sie somit das monatliche Einkommen. Dieser Schritt wird Ihnen eine unglaubliche, persönliche Stärke geben, denn jetzt wissen Sie, wie Sie finanziell durch passives Einkommen wachsen können.

Schritt 5: Die Hälfte Ihrer finanziellen Freiheitsnummer

Alles, was Sie jetzt tun müssen, ist Ihr Einkommenssystem zu expandieren. Sie sollten Wege finden, wie Sie das, womit Sie Geld verdienen, öfters tun können. Dazu brauchen Sie den Einsatz von Hebelwirkung (oder neudeutsch Leverage genannt).

Schritt 6: 100% Ihrer finanziellen Freiheitsnummer

Wenn Sie so weit gekommen sind, dann gibt es nichts mehr, dass Sie stoppen kann!

Es gibt keine Erfolgsgeheimnisse. Erfolg ist lediglich das Resultat von Vorbereitung, harter Arbeit und das Lernen aus Fehlern.
(Colin Powell)

Schreiben Sie mir doch einfach eine Email auf info@noeme.org , nachdem Sie den ersten Schritt erfolgreich gemacht haben. Ich werde Ihnen dann eine kleine Überraschung zurückschicken.

Die Wahrheit wird Sie befreien

Die Frage ist also: Wohin werden Sie gehen, nachdem Sie Ihren ersten Erfolg verbuchen konnten?
Natürlich wollen Sie mehr. Natürlich wollen Sie wachsen und mehr Geld verdienen. Dies werden Sie auch, aber zuerst müssen Sie einmal anfangen. Der Anfang kann manchmal so simpel sein, dass uns dessen Wichtigkeit gar nicht bewusst ist.
Nachdem Sie die erste Phase erreicht haben, werden Sie lernen, wie es weitergehen soll. Dazu ist es absolut wichtig, dass Sie herausfinden, wer Sie sind, was Sie am besten können und wohin Sie genau gehen wollen. All diese Informationen entnehmen Sie den Kapiteln „Selbstfindung" und „Die Macht der Klarheit". Zudem ist

die Grundlage von jedem Erfolg ein hohes Selbstbewusstsein. Wie Sie sich dieses aufbauen können, werden Sie im gleichnamigen Kapitel erfahren. Und schliesslich werden Sie auch die nötigen Tools bekommen, wie Sie Ihre Träume in die Realität umsetzen können.

Der banale Anfang

Wenn Sie sich heute erfolgreiche Unternehmen anschauen und sehen, wie diese Produkte und Dienstleistungen verkaufen, dann kann es schon passieren, dass Sie sich eingeschüchtert fühlen mit Ihrer Idee zu beginnen, da Sie nicht über die gleichen finanziellen Mittel oder Ressourcen verfügen.
Beispielsweise müssten Sie im Minimum ein Ladenlokal mieten und viel Geld für Werbung ausgeben, damit Sie überhaupt mal das erste Produkt verkaufen könnten.

Dies ist oft ein Trugschluss und hält die meisten Menschen davon ab, überhaupt erst mit einer Business-Idee zu starten. Die Wahrheit sieht ganz anders aus:

Am Anfang beginnen Sie ganz einfach und unprofessionell, indem Sie Ihre Produkte und Dienstleistungen an Ihre Freunde und Bekannten verkaufen.

Nachdem Ihre Freunde Ihr Produkt gekauft haben, entwickeln Sie das Selbstwertgefühl und Motivation, weiterzumachen.
In der zweiten Phase verkaufen Sie Ihr Produkt an die Freunde Ihrer Freunde, die Sie weiterempfohlen haben. Dies sind die ersten Kunden, die Ihr Produkt nicht nur aus Sympathie zu Ihnen kaufen.
Erst in der dritten Phase, wenn Sie genügend Erfahrung gesammelt haben und bereits etwas Geld verdient haben, können Sie Ihr Ge-

schäft auf ein nächst höheres Niveau bringen und Ihre Produkte an die Masse verkaufen.

Das Entscheidende ist aber, dass Sie erst einmal mit Ihren Freunden beginnen und sich somit die Grundlage schaffen, Ihr Produkt zu vermarkten. Die meisten lassen den ersten Schritt nämlich aus und gehen direkt zum dritten Schritt über. Wenn Sie das Produkt noch nie an den Markt verkauft haben, dann fehlen Ihnen die nötigen, produktspezifischen „Vermarktungs-Erfahrungen", um die Sache überhaupt erfolgreich zu machen. Deswegen rate ich Ihnen auch, es am Anfang mit dem Preis nicht zu übertreiben, damit Sie tatsächlich die ersten Erfolgserlebnisse verbuchen können.

Erfolg ist einfach

Erfolg ist vor allem in Europa einfach. In Bangladesch oder in Kambodscha ist es schwierig. In Europa ist es im Vergleich dazu sogar sehr einfach. Wenn Sie das nicht glauben, dann werden Sie Ihr Leben lang Probleme haben, etwas zu erreichen.

Die Welt ist voll mit unerfüllten Menschen. Schauen Sie sich doch nur einmal um. Die meisten sind gelangweilt, traurig, frustriert, etc. Wollen Sie wirklich zu dieser Gruppe gehören?

Das Leben ist nicht fair

Einige Menschen haben es besonders leicht, Gewicht zu verlieren. Andere erhalten mit Leichtigkeit einen Abschluss. Vielleicht gehören Sie aber nicht zu denen. Na und? Sie müssen halt länger Diät/Ernährungsumstellung machen oder länger lernen. Wenn Sie es bisher nicht immer leicht in Ihrem Leben gehabt haben, dann ist das keine Entschuldigung dafür, dass Sie es nicht schaffen können.

Mythen und Wahrheiten

In Bezug auf Erfolg gibt es viele Mythen, die die Menschen davon abhalten oder ihnen eine Entschuldigung geben, gar nicht erst anzufangen. Schauen wir doch mal einige davon an:

Mythos: Man muss als Unternehmer geboren worden sein. Die meisten haben
bereits in Ihrer Jugend angefangen und sind Mitte Zwanzig mehrfache Millionäre.

Die Wahrheit: Der durchschnittliche Unternehmer ist zwischen 35 und 45 Jahre alt und
hat mehr als 10 Jahre Erfahrung in einem Unternehmen gesammelt.

Mythos: Es braucht viel Geld, um ein eigenes Unternehmen zu starten.

Die Wahrheit: Der Durchschnittliche Betrag von Start-ups ist $14'000 in Amerika.
Viele haben es mit weniger als $5'000 geschafft.

Mythos: Um Unternehmer zu werden, muss man viel Risiko eingehen.

Wahrheit: Die meisten haben Ihren Job so lange behalten, bis es die logische
Folge war, den Job aufzugeben. Nur die Angst vor dem Ungewissen lässt die meisten gar nicht erst anfangen.

Die Liste könnten Sie natürlich beliebig weiterführen. Welche Mythen oder falsche Glaubensätze haben Sie, die Sie als Entschuldigung benutzen?

_____
_____
_____

In der Welt gibt es so viel Geld. Es wäre verrückt, wenn Sie nicht ein Stück des Kuchens für sich beanspruchen würden.
Die meisten Menschen suchen Sicherheit in einem Job. Sie realisieren aber nicht, dass dies ein Trugschluss ist. Auch Sie könnten bald auf der Strasse stehen, da Ihre Firma Stellen abbaut oder umstrukturiert. Unternehmer zu sein, ist exakt das, was Ihnen hilft, die Zukunft Ihrer Familie zu sichern.

Die Wahrheit über Erfolg: Das Wichtigste im Überblick

- Wie kann jemand eine Million verdienen, ohne vorher jemals 100'000 Euro gemacht zu haben? 100'000 Euro verdienen, ohne vorher jemals 10'000 Euro gemacht zu haben? 10'000 Euro verdienen, ohne vorher jemals 1000 Euro gemacht zu haben!
- Der Zeitpunkt, an dem Sie Ihren ersten finanziellen Erfolg erreicht haben, wird einer der wichtigsten Momente in Ihren Leben als Unternehmer sein.
- Das Gesetz der Konzentration.
- Finanziell frei bedeutet, dass Ihr passives Einkommen das Total Ihrer monatlichen Ausgaben deckt.
- Der erste Euro aus passivem Einkommen, wird der wichtigste Euro sein, den Sie jemals verdient haben.

- Es gibt keine Erfolgsgeheimnisse. Erfolg ist lediglich das Resultat von Vorbereitung, harter Arbeit und das Lernen aus Fehlern.
- Erfolg ist vor allem einfach in Europa.
- Die meisten Menschen suchen Sicherheit in einem Job. Sie realisieren aber nicht, dass dies ein Trugschluss ist.

Das Geheimnis des Selbstvertrauens

Um Ihr volles Potenzial erreichen zu können, braucht es eine entscheidende Zutat: ein unumstössliches Selbstvertrauen.
Seien Sie sich bewusst, dass es Ihr Geburtsrecht ist, vollstes Selbstvertrauen zu haben. Ihre Erziehung und die Gesellschaft haben Sie eingeschüchtert und Ihnen das Selbstvertrauen geraubt. Nun ist es aber an der Zeit, dass Sie sich über sich und Ihr Potenzial bewusst werden. Es geht darum, Ihre Gewohnheiten zu verändern und durchzustarten.

Selbstvertrauen ist die Grundlage von Erfolg

Durch Untersuchungen wurde von Psychologen klar und eindeutig herausgefunden, dass erfolgreiche Menschen über besonders viel Selbstvertrauen verfügen. Das Selbstvertrauen dieser Leute ist so stark, dass Sie alles, was Sie sich in den Kopf setzen, auch erreichen werden. Somit ist deren Zukunft unlimitiert.
Fragen Sie sich: Welche eine Sache würde ich zu träumen wagen, wenn ich wüsste, dass ich sie garantiert erreichen könnte?
Den meisten kommen dann auch gleich viele Gründe in den Sinn, warum sie es nicht schaffen können. Entweder ist es das Geld, die Beziehungen oder zum Beispiel die fehlende Zeit. Andere wagen es vielleicht gar nicht einmal, darüber wirklich nachzudenken.

Die Wahrheit ist jedoch, dass nur Angst und Zweifel in Ihre eigenen Fähigkeiten das Einzige ist, was Sie zurückhält.

Stellen Sie sich vor, dass Sie vor nichts und niemandem Angst hätten. Was würde das für Sie bedeuten? Was würden Sie dann tun?

Die Höhe Ihres Selbstvertrauens entscheidet über Erfolg oder Misserfolg.

Das Gute an der Sache ist, dass Sie Selbstvertrauen entwickeln können. Es ist eine Fähigkeit, die erlernt und gefördert werden kann. Am einfachsten geht das, indem Sie sich höhere Ziele setzen. Grosse Ziele bewirken etwas Besonderes in uns. Sie geben uns auf einmal mehr mentale und körperliche Energie. Sie lassen uns in anderen Dimensionen denken und wir ziehen Möglichkeiten in Erwägung, die wir vorher nicht berücksichtigt hätten.

Ermittlung Ihres Selbstvertrauens

Schreiben Sie an dieser Stelle Ihr heutiges Einkommen auf:
_____

Mal angenommen, Sie haben vor, Ihr Einkommen kurzer Zeit zu verdoppeln.

Schreiben Sie auch diese Zahl auf und betrachten Sie sie:
_____

Was müssten Sie dafür tun? Wie fühlen Sie sich dabei? Welche Einwände kommen Ihnen in den Sinn?

Nehmen Sie an dieser Stelle nun Ihr derzeitiges Einkommen und multiplizieren Sie es mit 10.

Heutiges Einkommen x 10: _____

Welche Wirkung hat diese Zahl auf Sie?
Denken Sie, dass es möglich ist? Sind Sie davon überzeugt, dass Sie dieses Einkommen erzielen werden? Oder kommen an dieser Stelle, wie bei vielen anderen, sehr grosse Einwände hoch. Glauben Sie nicht daran, dass es für Sie möglich ist?

Viele werden sagen, dass es schon einige Jahre an harter Arbeit gebraucht hat, um auf das heutige Einkommen zu kommen. Eine

Verdoppelung scheint sehr unwahrscheinlich. Eine Verzehnfachung sei ganz und gar unmöglich.

Wieso ist es denn möglich, dass gewisse Menschen über eine Million oder mehr im Jahr verdienen? Sind diese Menschen denn 10x klüger als Sie? Ich glaube kaum.

Das Geheimnis hierbei ist, dass Sie sich von Ihrer Vergangenheit trennen und in neuen Möglichkeiten denken. Ihre heutige Realität bestimmt Ihr Einkommen. Um Ihr Einkommen zu erhöhen, müssen Sie Ihre Realität expandieren. Das Entscheidende hierbei ist, dass Sie sich über folgendes klar werden:

Die Vergangenheit entspricht nicht der Zukunft.

Auch wenn Sie in der Vergangenheit nur schlechte Resultate in einem Bereich erreicht haben, so bedeutet das noch lange nicht, dass Sie in Zukunft nicht bessere Resultate erzielen werden. Aussagen wie „das habe ich noch nie gekonnt" oder „ich bin halt so" oder „dieser Bereich ist nicht meine Stärke" sind einfach falsch und demotivierend.
Nur weil Sie gewisse Dinge bisher auf eine bestimmte Art und Weise gemacht haben, heisst das noch lange nicht, dass Sie diese in der Zukunft gleich machen werden müssen.
Passen Sie auf, dass Sie sich nicht irgendwelche dummen Glaubensmuster einprogrammieren, die Sie zurückhalten. Seien Sie auch auf der Hut, wenn andere Menschen Ihnen eine Eigenschaft aufdrücken wollen.

Mal angenommen, Ihr Einkommen liegt heute bei 25'000 Euro pro Jahr. Dann stehen Sie heute genauso an der gleichen Stelle, wie Menschen, die heute 250'000 Euro verdienen. Das Interessante ist, dass diese Menschen auch mal bei 25'000 Euro angefangen haben und dann einen Weg gefunden haben, ihr Einkommen zu verzehnfachen. Wie Sie das machen können, werden wir im Verlaufe dieses Buches behandeln.

Sich höhere Ziele setzen

Wenn Sie sich höhere Ziele setzen, werden Ihr Leben und Ihre Karriere auf die Überholspur kommen. Sie werden schneller befördert, mehr verdienen, kreativer und sind bereit andere Alternativen in Erwägung zu ziehen, um schneller ans Ziel zu kommen. Anstatt mit angezogener Handbremse an Projekte zu gehen, werden Sie mit vollem Einsatz und aus ganzem Herzen durchstarten.
Sie werden mehr Anerkennung erhalten, da Sie stärker sind, mehr Überzeugungskraft besitzen und auch keine Angst davor haben auf Konfrontation zu gehen, wenn Sie sich für eine Sache einsetzen wollen.
Anstatt sich über Probleme Sorgen zu machen, werden Sie über Lösungen nachdenken.

Hohe Ziele beflügeln uns in jeder Hinsicht. Es ist jedoch wichtig, dass wir uns darüber klar werden, wie wir die Ziele angehen wollen. Nachdem Sie sich ein grosses Ziel gesetzt haben, sollten Sie das Ziel in viele kleine Zwischenziele hinunterbrechen. Besonders erfolgsfördernd hat sich erwiesen, sich für die Erreichung eines jeden Zwischenzieles eine gewisse Belohnung festzulegen und dann auf dem Erfolgsgefühl, das Zwischenziel geschafft zu haben, das nächste festzulegen. Erst dann kommt die Planung, wie Sie diese Zwischenziele erreichen wollen. Die meisten gehen oft sofort zur Planung über und vergessen, die Zwischenziele zu setzen.

Verkaufen Sie sich nicht für weniger, als Sie im Stande sind zu erreichen. Nur weil Sie einige Rückschläge hinnehmen mussten, bedeutet das nicht, dass Sie Ihre Ziele runterschrauben müssen. Erkennen Sie dann, dass Ihnen noch irgendetwas gefehlt hat, dass Sie zuerst dazu lernen müssen. Merken Sie sich folgenden Spruch:

Es gibt keine unrealistischen Ziele – es gibt nur unrealistische Zeitlimiten für Ihre Ziele.

Wobei ich mich auch gerne belehren lasse. Es gibt viele Erfolgsstories von Menschen, die in kürzester Zeit, unglaubliches erreicht haben. Wobei das Phänomen des Übernachterfolgs für mich ein Mythos ist.
Wenn ein Schauspieler bekannt wird, weil er in einer grossen Produktion eine Hauptrolle erhalten hat, denken alle: „der hatte aber Glück, dass er entdeckt wurde!" Die Wahrheit ist jedoch, dass viele Schauspieler, bevor sie den Durchbruch schafften, viele Jahre, manchmal sogar Jahrzehnte lang, nur in kleinen Nebenrollen gespielt haben und ihre Fähigkeiten über Jahre weiterentwickeln mussten. Zu diesen Fähigkeiten gehört auch herauszufinden, wie man im Filmbusiness an die Spitze kommt. Dies trifft zum Beispiel auf Jim Carrey, den Komiker, zu. Er brauchte mehr als 10 Jahre, bis er es schaffte.

Wenn Sie sich für eine Richtung entschieden haben und mit allem, was Sie haben an die Sache gehen, werden Sie früher oder später auch erfolgreich. Das bedeutet, dass alles, was Sie sich in den Kopf setzen, auch erreichen werden; vorausgesetzt sie geben niemals auf und lernen aus Ihren Rückschlägen.

Das Geheimnis für Erfolg ist so einfach, dass es von vielen als „das ist ja logisch" abgestempelt wird. Hier ist es:

Wenn Sie an die Spitze kommen wollen, dann müssen Sie sich dafür entscheiden, an die Spitze zu kommen.

Diese Entscheidung wird von vielen nicht richtig erkannt. Sie müssen an einen Punkt kommen, wo Sie mit sich einen Pakt schliessen, dass Sie alle Hintertüren zu machen und nie aufgeben werden.

Die Entscheidung muss so stark sein, dass Sie bereit sind, alles zu geben und falls nötig, zu beschliessen, das es das Letzte ist, was Sie in diesem Leben machen werden.

Mal angenommen Sie haben sich entschlossen, in eine Salesposition zu gehen. Wenn Sie nur mit halber Energie an die Tätigkeit rangehen, werden Sie es nicht schaffen. Sie werden irgendwo in der Masse der Durchschnittlichen vor sich hertümpeln, wie ein Segelboot ohne Wind. Haben Sie sich aber richtig entschieden, dann gibt es für Sie nur die Spitze.

Als ich selbst im Verkauf war, kam ich eines Tages genau an diesen Punkt. Ich war nicht zufrieden mit meiner Leistung und war kurz davor aufzugeben. Ich war an einem Punkt, wo ich die Schn**ze voll hatte. Entweder würde ich es jetzt schaffen oder es würde meinen Tod bedeuten. Eineinhalb Jahre später war ich die Nummer 1 in Europa von über 1000 Teamleitern, die in der gleichen Kategorie wie ich waren. Sie können sich vorstellen, dass ich voller Stolz und Selbstvertrauen war, als ich damals auf die Bühne gebeten wurde, um die Anerkennung zu erhalten.

Wenn ich heute an diese Zeit zurückdenke, schiesst in mir eine Energie durch meinen Körper, die mich gleich aufrechter sitzen lässt. Dies bringt uns zu einer weiteren Übung:

Ihre grössten Erfolge

Schreiben Sie bitte 15 Erfolge aus Ihrem Leben auf. Dabei spielt es keine Rolle, ob es sich um kleine oder grosse Erfolge handelt. Diese können aus dem privaten oder beruflichen Bereich stammen. Bitte machen Sie diese Übung vollständig. Sie werden später sehen, warum dies wichtig ist.

1. _____

2. _____

3. _____

4. _____

5. _____

6. _____

7. _____

8. _____

9. _____

10. _____

11. _____

12. _____

13. _____

14. _____

15. _____

Haben Sie die Liste auch wirklich vollständig ausgefüllt oder sind Sie nach 3-4 Punkten einfach weitergegangen? Wenn ja, dann gehen Sie bitte nochmals zurück und vervollständigen Sie die Liste. Dies ist eine zentrale Übung, deren Sinn Ihnen später klar werden wird.

Wie fühlen Sie sich jetzt? Erfüllt Sie diese Liste nicht mit Stolz? Welche Fähigkeiten haben vor allem dazu beigetragen, dass Sie diese Erfolge verbuchen konnten?

_____
_____
_____
_____

Die Wahrheit gibt Ihnen Kraft und Selbstvertrauen

Leben Sie immer in Wahrheit mit allen Menschen und allen Umständen.

Leben Sie nie ein Leben in Lüge. Es raubt Ihnen Energie und jeden Stolz.
Bleiben Sie nie in einer Situation, die Sie unglücklich macht oder die falsch für Sie ist. Machen Sie sich selbst auch keine Illusionen bezüglich der Wahrheit. Machen Sie nur, was wirklich richtig für Sie ist. Verwickeln Sie sich niemals in eine Situation, die sich nicht gut für Sie anfühlt. Ihre Innere Ruhe und Zufriedenheit sollte Ihre höchste Priorität sein.

Ursache und Wirkung

Die meisten Menschen erreichen weit weniger, als sie in Wirklichkeit erreichen könnten. Destruktive Kritik, Mangel an Liebe und das Gefühl, weniger Wert zu sein, sind in vielen Köpfen vorherrschend. Es ist kein Wunder, dass jemand mit solchen Gefühlen und Gedanken nicht sehr viel erreichen kann. Diese Gedanken sind es, die Sie zurückhalten und Sie daran hindern, Ihr volles Potenzial auszuleben.

Dies bringt uns zu einem, der wichtigsten Naturgesetze: Das Gesetz von Ursache und Wirkung. Es besagt, dass alles, was passiert, hat eine Ursache oder einen Grund. Wenn Sie erfolgreich sein wollen, dann müssen Sie vorher die nötigen Schritte in die Wege geleitet haben, damit dies auch passiert. Das, was Sie heute denken oder träumen hat die eindeutige Tendenz in der Zukunft Realität zu sein.

Die Welt ist immer voll von Menschen, die mit Ihren Resultaten nicht glücklich sind, aber immer noch die <u>gleichen</u> Dinge tun, sagen und denken und dabei erwarten, dass sich etwas mit Ihrer Situation verändert. Wenn Sie wollen, dass sich etwas in Ihrem Leben ändert, dann müssen Sie die Dinge anders angehen, als Sie sie bisher getan haben.

Das Gesetz von Ursache und Wirkung bezieht sich aber nicht nur auf Ihre Tätigkeiten. Viel eher betrifft es die Qualität Ihrer Gedanken (Ursachen), die den Tätigkeiten voraus gehen. Wenn Sie positive und ermutigende Gedanken denken, dann erhöhen Sie die Wahrscheinlichkeit, dass auch ein positives Resultat herauskommt.

Waren Sie schon einmal so richtig verliebt? Können Sie sich noch daran erinnern, wie viel Energie und Power Sie hatten? Ihre Gedanken waren absolut positiv und Sie waren voller Energie. Diese Energie hatten Sie nicht dadurch erhalten, dass Sie etwa einen speziellen Energieriegel gegessen hatten. Im Gegenteil: wahrscheinlich hatten Sie vergessen zu essen und haben auch weniger geschlafen und doch fühlten Sie sich, als ob Sie Berge versetzen könnten.
All dies basierte lediglich auf der Kraft Ihrer positiven Gedanken. Seien Sie sich bewusst, dass es eine grosse Rolle spielt, welche Art und Qualität von Gedanken Sie denken.

Negative und destruktive Gedanken hingegen verhindern, dass Sie erfolgreich werden. Dies wiederum führt dazu, dass wir wahrscheinlich öfters einen Fehlschlag erleiden werden, welcher unser Selbstvertrauen mindert. Eine Serie von vielen Fehlschlägen produziert in unserem Gehirn dann ein Programm, das uns sagt, dass wir nichts erreichen können und wenn wir dann auf ein Problem treffen, uns viel zu schnell entmutigen lassen. Die Vergangenheit hat uns ja den Beweis dafür gegeben.

Ein weiteres Beispiel hierfür ist das tägliche Zeitungslesen am Morgen, das Radiohören zwischendurch und die Nachrichten am Abend. Wahrscheinlich sind Sie sich im Klaren darüber, dass ungefähr 80% dieser Nachrichten negativ sind.
Meist heisst es dann: 300 Menschen bei Flugzeugabsturz gestorben, eine Frau wurde vergewaltigt, Überfall endete mit Tod eines Polizisten, Zugsunglück, Schauspieler an Krebs gestorben, etc.
Oft verwenden wir über 2 Stunden täglich und hören uns diese negativen Informationen an. Können Sie sich vorstellen, dass diese negativen Nachrichten uns entscheidend in unserer Stimmung beeinflussen und auch darüber hinaus einen Einfluss haben, ob wir mehr oder weniger erreichen? Mal ganz abgesehen davon, dass Sie die 2 Stunden täglich nutzen könnten, um etwas zu lernen, was Sie Ihren Zielen näher bringt. Und Hand aufs Herz: wie viele von diesen täglichen Nachrichten waren wirklich „geschichtswürdig" und haben die nächsten Tage überlebt?

Alles in unserer Welt basiert auf Gesetzen. Alles, was passiert, hat einen Grund.

Ihre äussere Welt ist ein Spiegel Ihrer inneren Welt. Sie sind, wer Sie sind und wo Sie sind, wegen der Gedanken, die Sie gedacht haben. Wenn Sie herausfinden, wie und was erfolgreiche Menschen denken und es Ihnen gleich tun, dann können Sie auch die gleichen Resultate erzielen. Indem Sie die Ursachen, nämlich Ihr Denken, verändern, werden Sie auch andere Resultate erzielen.

Das Gesetz von Ursache und Wirkung ist sehr real. Es ist wie mit dem Gravitationsprinzip, der Erdanziehung: Obwohl wir es nicht sehen können, heisst das noch lange nicht, dass es nicht existiert.

Es ist so mächtig, dass Sie alles können werden, wenn Sie nur fest genug daran denken, glauben, dass Sie es schaffen können und dementsprechend handeln. Zuerst kommt immer der Gedanke, die Saat, um ein Ziel anzuvisieren. Das Gute an der Sache ist, dass die meisten erfolgreichen Menschen, einst wie wir gestartet sind und dann auf Ihrem Weg Selbstvertrauen entwickelt haben.

Werte

Die wirkliche Grundlage für Ihre Selbsterkenntnis und Ihr Selbstvertrauen bilden Ihre Werte. Sie bilden die Basis für alles, woran Sie glauben und wofür Sie einstehen werden.

Nur wenn Sie sich absolut klar darüber werden, welches Ihre Werte sind und Ihr Leben danach ausrichten, haben Sie eine Grundlage geschaffen, um Selbstvertrauen aufzubauen und können das Leben führen, das Sie am glücklichsten macht.
Wofür stehen Sie ein? Wofür stehen Sie nicht ein? Was ist Ihnen wirklich wichtig im Leben? Wollen Sie Gesundheit, Liebe, Geld oder Anerkennung? Oder ist Ihnen Familie am wichtigsten? Für was würden Sie Ihr Leben riskieren?

Es geht also in erster Linie darum, herauszufinden, wer Sie sind und an was Sie glauben. Nur mit dieser Grundlage ist es möglich, absolutes Selbstvertrauen aufzubauen. Selbstvertrauen ist deshalb wichtig, weil Sie dadurch den Mut haben, Ihr Leben zum Vollsten zu leben. Wenn Sie Ihre Werte kennen, können Sie klar entscheiden, ob Ihnen etwas wichtig ist oder nicht. Es geht darum, dass Sie Ihr Leben im Einklang mit Ihren Werten leben. Das ist der einzige Weg, der Sie glücklich machen wird und nur so sind Sie „sich selber treu".

Aufgabe

Wählen Sie aus der Liste Ihre 5 wichtigsten Werte.

Genauigkeit	Erfolg	Anpassungsfähigkeit	Abenteuer
Zuneigung	Wachsamkeit	Ehrgeiz	Originalität
Schönheit	Ehre	Weltoffenheit	Ruhe
Fähigkeit	Sorgfalt	Karriere	Klarheit
Leidenschaft	Kompetenz	Selbstvertrauen	Bewusstsein
Erwägung	Zufriedenheit	Helfen	Kooperation
Mut	Kreativität	Dienstleistung	Verlässlichkeit
Entschlossenheit	Genauigkeit	Disziplin	Dynamik
Lernen	Effektivität	Energie	Ermutigung
Freude	Mission	Enthusiasmus	Erstklassigkeit
Glauben	Fitness	Flexibilität	Fokus
Vision	Vergebung	Freiheit	Freundlichkeit
Erfüllung	Grosszügigkeit	Anstand	Einstellung
Balance	Wachstum	Humor	Leistung
Glücklichkeit	Gesundheit	Ehrlichkeit	Hoffnung
Fantasie	Verbundenheit	Unabhängigkeit	Innovation
Integrität	Intelligenz	Verspieltheit	Wissen
Offenherzig	Führung	Ausbildung	Liebe
Loyalität	Erwachsen	Sparsamkeit	Natürlichkeit
Optimismus	Organisation	Originalität	Geduld
Friedvoll	Durchhaltevermögen	Persönlichkeitsentwicklung	Praktisch Professionalität
Steigerung	Wohlstand	Angenehmlichkeit	
Pünktlichkeit	Sinnorientiertheit	Qualität	Schnelligkeit
Respekt	Verantwortung	Genugtuung	Sicherheit
Selbstkontrolle	Sensibilität	Einfachheit	Sozial
Status	Stärke	Sympathie	Talent
Teamarbeit	Dankbarkeit	Toleranz	Einzigartigkeit
Vertrauenswürdigkeit	Siegen	Wärme	Kraft
Weisheit	Jugendlichkeit	Schlauheit	Familie
Arbeit	Geld	Sport	Verständnis

Offenheit   Herausforderung Spiritualität   Reichtum
Abwechslung   Bescheidenheit   Demut   Konzentration
Verpflichtung Entspannung   Gerechtigkeit   Ordnung

Auswahl der Werte

Wert 1 _____

Wert 2 _____

Wert 3 _____

Wert 4 _____

Wert 5 _____

Einige Menschen wählen Integrität als Wert. Integrität geht aber viel weiter. Es ist der Wert, der sicherstellt, dass Sie alle anderen Werte einhalten. Sie sollten mit sich einen Pakt schliessen und von heute an nur noch in Harmonie mit Ihren Werten leben. Das bedeutet, dass Sie nie Kompromisse eingehen werden, wenn es um Ihre Werte geht; auch wenn die Verluste beträchtlich sein können. Wenn Sie sich selbst gegenüber Ihren Werten verpflichten, gewinnen Sie mehr Selbstvertrauen, da sich selbst ja unbedingt vertrauen.
Sie werden dadurch offen und ehrlich mit jedem um Sie herum kommunizieren können. Wenn Sie Klarheit über Ihre Werte haben, kommunizieren Sie Ihre Erwartungshaltung an andere. Diese wissen dann, wofür Sie einstehen und wofür Sie nicht einstehen. Es geht dann eine Riesen-Stärke von Ihnen aus, die für andere spürbar ist. Entgegengesetzt der allgemeinen Meinung sind Werte nicht relativ. Wirkliche Stärke strahlt von Ihnen aus, wenn Sie absolut kompromisslos Ihren Werten treu sind. Menschen, die Wert als situationsbedingt anschauen, werden nie wirklich Selbstvertrauen haben.

Wenn Sie Werte, wie zum Beispiel Mut und Integrität entwickeln wollen, dann tun Sie zunächst so, als ob diese bereits vorhanden wären und handeln entsprechend. Allmählich werden diese Werte zu Ihnen gehören.

Das Gesetz des Erfolgs bei neuen Dingen

Wie oft haben Sie schon etwas Neues gelernt, hatten damit auch ein bisschen Erfolg und stiessen schliesslich auf ein Problem, das Sie entmutigte, weiterzumachen und gaben auf?
Diese Entwicklung kann sehr oft bei neuen Verkäufern beobachten. Sie starten voll motiviert in einer neuen Verkaufsposition und erreichen durch ihren Enthusiasmus und Optimismus, dass sie etwas Erfolg verbuchen können. Irgendwann kommen sie dann in eine Phase, in der einfach nichts mehr funktionieren will. Die Kunden sagen ständig „Nein" am Telefon, die Verkaufsgespräche laufen alles andere als rund und die Verkaufszahlen befinden sich auf einem Sturzflug. In dieser Situation geben viele neue Verkäufer auf. Der mentale Druck und die ständige Enttäuschung sind einfach zu gross.
Das Selbstvertrauen ist auf ein neues Rekordtief gefallen und wenn man diese Leute antrifft, dann sehen sie wie geschlagene Hunde aus.

Diese Art von Krisen findet sich auch in vielen anderen Bereichen. Oft sind sich die Menschen nicht bewusst, dass dies eine natürliche Entwicklung ist, wenn es darum geht, etwas zu erreichen, das einen echten Wert hat. Dinge, die einfach zu erreichen sind, haben fast keine Widerstände.

Daraus entsteht folgende Regel:

Lernen (1) – Etwas Erfolg (2) – Misserfolg (3) – Lernen (4) – Viel Erfolg (5)
Wenn Sie etwas tun, was Sie zu Beginn mit grosser Motivation starten und es ein Ziel beinhaltet, welches für Sie einen grossen Wert darstellt, dann geben Sie nicht auf. Machen Sie sich bewusst, dass Sie sich erst in der Phase 3 befinden. Sie müssen also noch etwas dazulernen, damit Sie in die Phase 5 kommen. Wenn Sie einfach beim Punkt 3 aufgeben, dann schaden Sie sich doppelt. Erstens erreichen Sie Ihr Ziel nicht und zweitens programmieren Sie sich in Ihr Unterbewusstsein, dass Sie ein Versager sind.

Ich möchte Sie sicher nicht entmutigen, so dass Sie nichts mehr anpacken. Ich möchte, dass Sie genau wissen, wer Sie sind, was Sie gerne tun und dass Sie sich absolut darüber klar werden, was Sie wirklich wollen. Wenn Sie dann etwas Neues angehen, dann sollten Sie wirklich nur das tun, was im Einklang mit Ihren Zielen steht. Das Schöne ist ja, dass es so viele Dinge gibt, die wir im Leben tun können. Leider können wir nicht alles tun und müssen uns für gewisse Dinge entscheiden. Die Möglichkeiten sind grösser, als wir in einem Leben leben können.

Die Entwicklung von Selbstvertrauen

Warum hat jemand überhaupt nur wenig Selbstvertrauen? Meistens kann dies darauf zurückgeführt werden, dass unsere Erfahrungen von der Vergangenheit uns so weit beeinflussen, dass wir nicht an unsere Fähigkeiten glauben.
Je mehr Beweise wir also in Bezug auf unsere Fähigkeiten haben, desto eher „glauben und vertrauen" wir uns. Es geht also darum, in den Bereichen, in denen wir Resultate erzielen wollen, positive Resultate zu erzielen.

5 Schritte zur Entwicklung von Selbstvertrauen durch Selbstdisziplin

Disziplin ist keine Einschränkung Ihrer Freiheit – sie gibt Ihnen mehr Freiheit.

Sie entscheiden sich, etwas zu tun und ziehen es dann durch. Das gibt Ihnen Power.

Ich möchte Ihnen an dieser Stelle einige kleine Aufgaben geben, damit Sie mehr Selbstvertrauen entwickeln können. Genauso wie ein Bodybuilder seine Muskeln trainiert, können Sie sich Selbstvertrauen aneignen, indem Sie sich in Selbstdisziplin üben. Wenn Sie selbstdiszipliniert sind, dann bedeutet das, dass Sie sich selbst unter Kontrolle haben und sich selbst vertrauen können. Wenn Sie sich also etwas vornehmen, dann schaffen Sie sich einen Beweis, dass Sie Ihre Pläne auch umsetzen können. Wenn Sie dies auf verschiedene Bereiche in Ihrem Leben übertragen haben, dann werden Sie feststellen, dass Sie diese Fähigkeiten auch auf beliebig andere Bereiche übertragen können.

Diese Fähigkeiten sind Durchhaltevermögen, Mut, Zielorientiertheit, mentale Stärke, Entscheidungskraft und die Fähigkeit zu handeln.

Um sich die „Muskeln" für diese Fähigkeiten anzutrainieren, habe ich einige kleine Übungen zusammengestellt:

1. **Geldausgeben:** Limitieren Sie den Betrag, den Sie täglich für sich ausgeben auf 5 Euro. Dies umfasst Dinge, wie zum Beispiel das Mittagsessen und weitere alltägliche Ausgaben. Machen Sie diese Übung während eines Monats und Sie werden erstaunt sein, wie viel Selbstvertrauen und mentale Stärke Sie gewonnen haben.
    Zudem werden Sie wahrscheinlich merken, dass wenn Sie normalerweise Geld ausgeben, Sie nur damit versuchen, sich

besser zu fühlen, indem Sie kurzfristig Ihre Stimmung heben. Analysieren Sie doch einmal, warum Sie sich so fühlen und was Ihnen eigentlich fehlt. Vielleicht ist es Mangel an Liebe oder dass Sie sich minderwertig fühlen. Geld sinnlos auszugeben ist aber keine Lösung.

2. **Abnehmen:** Nehmen Sie sich vor, täglich 30 Minuten zu joggen oder zu walken. Ziehen Sie das genau 30 Tage lang durch. Am einfachsten geht das jeweils früh morgens vor der Arbeit. Stehen Sie eine halbe Stunde früher als gewohnt auf. Legen Sie sich die Kleider am Vorabend zurecht, damit Sie gar nicht lange studieren müssen. Wenn Sie nicht mehr so in Form sind, dann fangen Sie am Anfang mit leichtem Jogging oder mit schnellem Gehen an. Ziehen Sie dieses Programm wirklich jeden Tag durch und Sie werden sehen, wie viel mehr Energie Sie haben und klarer im Kopf werden. Da Sie am Morgen auf leeren Magen trainieren, wird dadurch Ihr Stoffwechsel angeregt und Sie verbrennen dadurch am meisten Fett. Ihr Selbstbewusstsein wird unglaublich gestärkt, da Sie sehen können, wie schnell Sie Resultate erzielen können (d.h. Fettabbau, Gewichtsverlust, mehr Energie, etc.)

3. **Alkohol-Konsumverzicht:** Dies ist für den einen ganz einfach, für den anderen vielleicht wesentlich schwieriger. Wenn Sie eh nur wenig Alkohol trinken, dann wird Ihnen ein Monat ohne Alkohol nicht sehr fehlen. Wenn Sie sich jedoch gewohnt sind, zum Beispiel täglich nach der Arbeit ein paar Biere zu konsumieren, dann müssen Sie sich schon viel stärker zusammenreissen. Der Schein kann aber auch trügen, da wir uns oft nicht über kleine Zusammentreffen mit Bekannten bewusst sind, wo wir förmlich dazu aufgefordert werden, ein Glas Wein zu trinken. Lassen Sie sich aber auch hier nicht von anderen beeinflussen. Wenn Sie zum Trinken aufgefordert werden, dann lehnen Sie höflich ab und erklären Sie der Person, dass Sie gerade ein Experiment machen.

Gerade durch die Konfrontation mit anderen Menschen entwickeln Sie besonders viel Selbstvertrauen. Wenn Sie Ihrem Ziel treu sind und sich nicht von Ihrer Meinung abbringen lassen, dann geht eine gewisse Stärke von Ihnen aus.

4. **Verzicht auf Süssigkeiten und Zucker:** Um die besten Resultate erzielen zu können, wäre es ratsam, diese 30 Tage mit dem morgendlichen Training zu kombinieren. Sie können es aber auch einzeln machen. Wenn Sie so wie ich, gerne Schokolade essen, dann wird Ihnen diese Übung schwer fallen. Obwohl ich oft in Versuchung gekommen bin, habe ich mich 30 Tage lang knallhart an die Regeln gehalten. Dadurch habe ich meine Willensstärke weiter aufgebaut. Wenn Sie gerne Süsses essen, dann wird die erste Woche am härtesten. Danach geht es wesentlich einfacher. Merken Sie sich das, wenn Sie in Versuchung geraten sollten. Denken Sie auch an den Zucker, den Sie in Ihren Tee oder Kaffee tun.

5. **Kein TV schauen:** Der Durchschnittsmensch schaut täglich ca. 3 bis 4 Stunden Fernsehen. Oft denkt man gar nicht viel darüber nach, wenn man den Fernseher anstellt. Es ist schon fast zu einem Ritual geworden, dass man sich nach der Arbeit vor die Kiste setzt und dann bis spät am Abend das Programm reinzieht. Wenn Sie alleine wohnen, dann schlage ich Ihnen vor, dass Sie den Fernseher ausstecken, die Fernbedienung in den Keller bringen oder sogar den ganzen Fernseher in ein anderes Zimmer stellen, wo kein Anschluss vorhanden ist. Zu Beginn werden Sie vielleicht gar nicht wissen, was Sie mit der vorigen Zeit anstellen sollen. Ich rate Ihnen, etwas zu lesen oder sich mit Ihren Zielen zu beschäftigen. Schreiben Sie Ihre Erfahrungen während dieses Monats täglich in ein Tagebuch / Erfolgsjournal.

Sie können entweder einzelne Punkte angehen oder einige miteinander verbinden. Falls es für Sie zu viel werden könnte, dann rate ich Ihnen, mit dem für Sie Schwierigsten zu beginnen und 30

Tage lang durchzuziehen. Nach diesen 30 Tagen haben Sie etwas erreicht, auf das Sie stolz sein können. Sie können selbstverständlich auch etwas anderes, persönliches wählen, wie zum Beispiel 30 Tage lang keine Zigarette anzufassen oder jeden Tag eine Stunde an Ihrem Projekt zu arbeiten.
Schreiben Sie während und nach den 30 Tagen auf, wie Sie sich gefühlt haben. Sie werden sehen, wie viel stärker Sie sich mental fühlen.

Nicht überanalysieren, sondern einfach tun

Manchmal führt zu viel Analyse dazu, dass sie einen lähmt und man am Ende gar nichts unternimmt. Einer meiner Lieblingssprüche ist der ehemalige Werbespruch von Nike: Just do it!
Wenn Sie etwas tun wollen, dann tun Sie es doch einfach. Denken Sie nicht immer lange darüber nach, sondern folgen Sie Ihrem Gefühl im Bauch. Oft werden sich diese Entscheidungen als richtig herausstellen. Vor allem geben Ihnen diese Situationen viel Spass und Mut, da Sie etwas wagen. Denken Sie auch nicht darüber nach, was andere über Sie denken könnten. Sie haben jetzt nur dieses Leben und den Anderen können Sie es sowieso nicht immer Recht machen. Also tun Sie es einfach und lassen Sie sich diese Gelegenheit nicht entgehen. Sie werden es sonst später bereuen.

Machen Sie sich keine Sorgen über mögliche Fehlschläge. Sorgen Sie sich lieber über die Gelegenheiten, die Sie verpassen, wenn Sie es nie probieren.

Den Mut aufbringen, Ihre Ängste zu konfrontieren

Unsere Ängste lähmen und halten uns zurück. Wir zögern und werden unentschlossen, was dazu führt, dass wir Dinge hinausschieben und Entschuldigen suchen, damit wir nicht vorangehen müssen. Wir haben Angst vor dem Unbekannten und was uns die Zukunft bringen wird.
Angst wird auch hervorgerufen, wenn wir zu wenig Informationen haben. Wir sind dann angespannt und unsicher, wie unsere Handlungen herauskommen könnten.

Eine einfache, aber äusserst effektive Übung ist die Analyse der eigenen Ängste. Nehmen Sie ein Blatt Papier zur Hand und schreiben Sie folgende Frage zuoberst hin: Vor was habe ich Angst?

Es geht nicht darum, ob Sie Angst oder keine Angst haben. Wir alle haben Ängste. Die entscheidende Frage ist, wie Sie mit Ihren Ängsten umgehen. Der Mutige schaut sich seine Ängste an und macht dann trotzdem das, was ihn weiterbringt, obwohl er Angst hat.

Wenn Sie Ihre Ängste konfrontieren und auf sie zusteuern, werden Sie feststellen, dass diese plötzlich kleiner werden und allmählich verschwinden.
Gleichzeitig steigt Ihr Selbstbewusstsein.

Anderseits, wenn Sie Ihren Ängsten aus dem Weg gehen, dann werden diese immer grösser und grösser, bis sie jeden Bereich Ihres Lebens kontrollieren. Und wenn Ihre Ängste grösser werden, sinken gleichzeitig Ihr Selbstbewusstsein und Ihr Selbstrespekt.

Stellen Sie sich folgende Fragen:

1. Inwiefern hält mich diese Angst in meinem Leben zu rück?
2. Ist es möglich, dass diese Angst mir bisher irgendwie ge holfen hat oder es immer noch tut?
3. Was wäre mein Gewinn, wenn ich diese Angst eliminieren würde?

Wenn Sie Ihre grösste Angst objektiv analysieren, werden Sie beginnen, die Angst zu eliminieren.

Eine Übung für die ganz Mutigen

Diese Übung hilft Ihnen die Angst vor Ablehnung zu überkommen.
Gehen Sie in eine belebte Strasse und verteilen Sie 5 x je 2 Euro an irgendwelche Fremden. Sagen Sie, dass Sie Ihnen einfach eine Freude machen wollen.
Nachdem Sie das Geld verteilt haben, drehen Sie den Spiess um. Fragen Sie nun fremde Personen, ob Sie Ihnen nicht 2 Euro geben würden. Machen Sie diese Übung so lange, bis Sie wieder 5 x 2 Euro bekommen haben.

Diese Übung wird Sie ein wenig Mut kosten, aber ich verspreche Ihnen, dass Sie sich grossartig fühlen werden, nachdem Sie sie beendet haben. Diese Übung wird für Sie ein Anker sein, wenn Sie irgendwann einmal in der Zukunft Angst vor Ablehnung haben sollten.

Entwickeln Sie die Gewohnheit von Mut

Es gibt drei Arten von Mut. Der erste und wichtigste Schritt ist es, Dinge zu beginnen. Es geht darum, etwas Neues auszuprobieren, ohne dass Sie eine Garantie auf Erfolg haben. Es ist ein Schritt ins Ungewisse.

Die zweite Art von Mut ist es, Dinge durchzustehen. Wenn Sie einmal etwas begonnen haben, dann geht es darum, dass Sie den Mut haben, es durchzuziehen. Durchhaltevermögen ist eine Form von mutiger Geduld. Es ist die seltenste Art von Mut.

Und schliesslich ist die letzte Art von Mut, den Mut aufzubringen, sich frei von Sorgen zu halten. Fakt ist, dass die meisten Dinge, die uns Sorgen bereiten, niemals eintreten werden.

Nicht aufgeben

Wenn Sie sich über einige Dinge in Ihrem Leben klar geworden sind und sich entschieden haben, dass Sie absolut alles tun würden, um diese Dinge zu erreichen, dann sollten Sie niemals aufgeben. Diese Entscheidung gibt Ihnen mehr Kraft und Selbstvertrauen, als alles Andere. Auch wenn die Dinge schlecht laufen, so wissen Sie doch, tief in Ihrem Inneren, dass Sie für dieses Ziel bis zum Äussersten gehen würden.

Diese Dinge können zum Beispiel Ihre Lebensziele sein. Es sind aber auch die kleinen Dinge in Ihrem Leben, die Ihnen sehr wichtig sind.

Unsere Katze Hemingway war vor einiger Zeit mit einer Krankheit befallen und verlor extrem an Gewicht. Die Tierärzte wussten nicht, was genau das Problem war. Egal, was wir ihm in den Futternapf taten, er wollte einfach nicht mehr fressen. Da Hemigway zuvor ein leicht „fetter Kater" war, war es umso schlimmer für uns zu sehen, dass er voll abgemagert aussah. Wir mussten ihn mit Hilfe einer Spritze und flüssigem Brei zwangsfüttern. Schliesslich gaben ihm die Tierärzte nur noch einige Tage zu leben. Ich wollte diese Tatsache einfach nicht akzeptieren, obwohl seine Blutkörperchen anfingen, sich selbst abzubauen. Ich sagte mir, egal, was passiert: ich gebe dich nicht auf. Auch wenn ich 24 Stunden zu Hause sein müsste, meinen Job verlieren würde oder sonst etwas passierte. Ich gebe meine Katze nicht ohne Kampf auf. Während ungefähr drei Wochen haben wir ihn dann jeden Tag zwangsgefüttert. Schliesslich kamen uns Zweifel hoch, da er einfach nicht zunahm und sich sein Zustand nicht verbesserte. Trotzdem entschieden wir uns, mit der Zwangsfütterung weiterzumachen. Und dann geschah es. Wie durch ein Wunder nahm er wieder an Gewicht zu.

Heute ist er sogar noch fetter, als zuvor. Obwohl wir absolut nichts anderes tun konnten, als ihn zwangszufüttern, hat es schliesslich zum Durchbruch verholfen. Wenn wir den Anweisungen der Tierärzte gefolgt wären, dann wäre er heute tot. Die Entscheidung, nicht aufzugeben und trotzdem weiterzumachen, half uns, ihn am Leben zu halten. Es ging eine unglaubliche Kraft und Stolz von mir aus, als ich schliesslich sah, dass meine Bemühungen Erfolg zeigten.

Sie könnten der Beste sein, wenn Sie es wirklich wollen

Egal in welchem Feld Sie sich gerade bewegen, Sie könnten der Beste sein, wenn Sie es wirklich wollen. Entscheiden Sie sich, absolut alles zu tun, um an die Spitze zu gelangen. Lesen Sie alles über Ihr Gebiet und verbessern Sie täglich Ihr Wissen.

Glaube an sich selbst

Niemand ist wirklich besser als Sie und niemand ist wirklich klüger als Sie.

Erfolgreiche Menschen haben lediglich einen Weg gefunden, wie sie etwas besser angehen können. Alles, was jemand bereits einmal geschafft hat, können Sie auch schaffen. Wenn Ihnen jemand sagt, dass Sie dies oder das nicht schaffen können, dann meinen diese Menschen eigentlich, dass sie es sich selbst nicht zutrauen.

Wenn Sie Ihr heutiges Leben betrachten und manchmal unzufrieden oder sogar frustriert sind, dann kommt die Frage auf, ob dies schon alles gewesen ist. Tief im Innern wissen Sie, dass Sie auf dieser Erde sind, um etwas Besonderes mit Ihrem Leben zu machen.

Es ist absolut wichtig, dass Sie davon überzeugt sind, dass Sie es verdient haben, reich zu sein oder die Fähigkeit haben, eine Million zu verdienen. Wenn Sie an sich glauben, werden Sie Berge versetzen können.

Den Mutigen gehört die Welt

Mut und Angst sind sehr nahe beieinander. Mutige Menschen sind nicht einfach blauäugig und stürzen sich in ein Risiko. Vielmehr sind sie sich des Risikos bewusst und obwohl sie auch Angst haben, tun sie es trotzdem.

Überlegen Sie sich einmal, was Sie alles tun würden, wenn Sie vor nichts und niemandem Angst hätten. Martin Luther King sagte einmal, dass derjenige, der keine Furcht hat, der König der Welt ist.

Vor was haben Sie eigentlich Angst?

Sich keine Sorgen machen – Vertrauen in die Welt

Die meisten Menschen machen sich unnötig Sorgen über das, was passieren könnte. In den meisten Fällen passiert aber überhaupt gar nichts. Die Sorgen sind völlig unnötig gewesen. Sich zu sorgen ändert an der Situation nichts.
Wenn Ihnen etwas nicht passt, dass tun Sie etwas dagegen. Falls Sie nichts tun können, dann ändern Sie Ihre Einstellung zum Thema. Aber sich zu sorgen bringt am wenigsten.

Manchmal hilft es, sich seine Sorgen und Probleme aufzuschreiben. Wenn Sie sie dann betrachten, werden Sie feststellen, dass diese in Wirklichkeit gar nicht so gross sind, wie wir zunächst geglaubt hatten.

Schreiben Sie doch einmal alles auf, was Ihnen Sorgen macht:

_____
_____
_____
_____
_____

Menschen mit grossem Selbstvertrauen, haben auch Vertrauen in die Welt und in das Leben. Sie sind sich klar darüber, dass es Dinge sind, die sie nicht kontrollieren können.
Sie wissen, dass das Einzige, was Sie kontrollieren können, sie selbst sind. Es macht einfach keinen Sinn, sich über Dinge zu sorgen, die sie sind beeinflussen können.

Sich nicht als Opfer sehen

Es ist wichtig, dass Sie 100% Verantwortung für alles in Ihrem Leben übernehmen. Sie sind nicht ein Opfer der Gesellschaft, sondern Ihr Leben ist das Resultat Ihrer bisherigen Entscheidungen.
Auch wenn Ihr Leben noch so schlecht aussehen sollte, nur Sie können es verändern.

Sich über Optionen bewusst werden – Sie sind kein Gefangener!

Es geht darum, dass Sie sich über Ihre Optionen bewusst werden. Nur, weil Sie heute einen bestimmten Job machen, bedeutet das noch lange nicht, dass Sie nur das tun können, um Ihren Lebensunterhalt zu verdienen.

Frage: Was könnten Sie heute denn sonst noch tun, um damit Ihr Geld zu verdienen?

_____
_____
_____
_____

Wenn Ihnen nichts einfallen sollte, dann bitte ich Sie, sich so lange mit dieser Frage zu beschäftigen, bis Sie mindestens 5 Antworten gefunden haben. Sie könnten viel mehr tun, als Sie sich vielleicht zutrauen.

Respekt

Sie denken vielleicht, dass Sie dann von anderen Menschen respektiert werden, wenn Sie das tun, was diese von Ihnen wollen. Das Gegenteil ist wahr: Sie werden dann Respekt bekommen, wenn Sie das tun, was Sie tun wollen. Vielleicht werden andere Menschen zunächst versuchen, Sie davon abzubringen. Aber wenn Sie Ihren Weg gehen, dann werden andere Menschen das irgendwann respektieren. Es erfolgt fast immer nach dem 3B-Prinzip: belächelt, bekämpft, bewundert!

Manchmal muss man einfach aufhören, die Erwartungshaltung anderer erfüllen zu wollen.

Seien Sie sich selbst

Versuchen Sie nicht, jemand anderes zu sein oder jemand anderen zu kopieren. Die Menschen werden Sie durchschauen. Indem Sie sich selbst sind und sich akzeptieren, werden Sie nicht nur mehr Selbstvertrauen haben, sondern auch ehrlicher wirken. Sie müssen dann nicht verkrampft versuchen, etwas zu sein, dass Sie in Wirklichkeit nicht sind.

Selbstbild

Kleider machen Leute. Es ist erstaunlich, wie verschieden wir behandelt werden, wenn wir gut angezogen sind. In unserer Gesellschaft sind wir darauf programmiert, dass wir jemandem mehr Vertrauen schenken, wenn er konservativ angezogen ist. Im Prinzip sind Kleider ja neutral und wir können uns noch so dagegen wehren, aber der Unterschied zwischen Erfolg und Misserfolg ist stark vom Erscheinungsbild abhängig.

Dazu gehört auch das Selbstbild, das wir von uns selbst haben. Wenn Sie sich besser kleiden, werden Sie sich besser fühlen. Wenn Sie 20kg Übergewicht verloren haben, werden Sie sich ebenfalls besser fühlen. Unser Selbstbild entscheidet über die Höhe unseres Selbstvertrauens.

Der erste Schritt besteht darin, sich selbst so zu akzeptieren, wie Sie sind. Weil Sie wissen, dass Sie mehr Erfolg haben werden, indem Sie sich besser kleiden und auf Ihre Körperpflege achten, sollten Sie diese Dinge in Ihr tägliches Leben umsetzen.

Menschenkenntnis

Ein grosser Einfluss auf Ihr Selbstvertrauen, können andere Menschen haben. Vielleicht gibt es oder gab es einmal Menschen, die Sie eingeschüchtert haben. Danach haben Sie sich schlecht gefühlt und Ihr Selbstbewusstsein fiel ins Bodenlose. Oft denkt jemand dann lange über die Situation nach und im Nachhinein kommt ihm dann in den Sinn, was er dieser Person eigentlich hätte sagen sollen. Da man in dem Moment aber derart eigeschüchtert war, fehlten einem die Worte.

Das wichtigste dabei ist, dass Sie mehr über die Motive von Menschen lernen. Hinterfragen Sie immer, was diesen Menschen dazu bewegt hat, eine Aussage zu treffen. Entwickeln Sie eine Toleranz für die Bedürfnisse anderer Menschen, indem Sie, wenn Sie sich in so einer Situation befinden, einen Schritt zurücktreten und die Situation aus der Distanz betrachten. Das wird Ihnen helfen, sich weniger betroffen zu fühlen.

Wie Sie im Kapitel Selbstfindung lernen werden, gibt es vier verschiedene Persönlichkeitstypen. Der „rote" Typ kann manchmal ganz schön laut und frech werden, was er im Innern aber nicht böse meint.

Keine Angst vor Konfrontation

Solange Sie die Menschen mit Respekt behandeln, gibt es überhaupt keinen Grund, weshalb Sie Angst vor Konfrontation haben sollten. Wenn es etwas gibt, dass Sie kommunizieren wollen, dann tun Sie es auch. Es ist immer besser, Dinge offen anzusprechen, als zu verschweigen.
Auch wenn Sie Angst vor der Reaktion der anderen Person haben, so werden Sie nur dann wirklich glücklich sein, wenn Sie es von der Brust haben. Manchmal tut die Wahrheit eben weh, aber Sie können nicht alles kontrollieren. Je öfters Sie schwierige Situationen angehen, desto grösser wird Ihr Selbstvertrauen.

Ablehnung

Vor allem, wenn Sie im Verkauf tätig sind, werden oft mit Ablehnung konfrontiert. Das Wichtigste dabei ist, dass Sie verstehen, dass Sie Ablehnung niemals persönlich nehmen dürfen. Der Kunde hatte vielleicht einen schlechten Tag oder Sie konnten ihm die Vorteile nicht richtig erklären. Je mehr Ablehnung Sie bekommen, desto schneller werden Sie lernen, wie Sie damit umgehen sollen. Je besser Sie Ihre kommunikativen Fähigkeiten trainieren, desto eher werden Sie Erfolg haben. Am Anfang haben viele Verkäufer eine Babyhaut, wenn es um Ablehnung geht, aber mit der Zeit entwickelt sich daraus eine Elefantenhaut und Ablehnung prallt einfach davon ab. Das Entscheidende ist, dass Sie lernen, mit Ablehnung umzugehen, positiv zu bleiben und nicht aufzugeben. Früher oder später werden Sie einen Weg finden, der Sie zum Erfolg führt.

Finanzen unter Kontrolle

Wenn Sie Ihre Finanzen nicht unter Kontrolle haben, dann hat das einen grossen Einfluss auf Ihr Selbstbewusstsein. Auch wenn es weh tut: Sie müssen unbarmherzig realistisch mit sich selbst sein, wenn es um dieses Thema geht. Nur, wenn Sie absolute Klarheit über Ihr Ausgabeverhalten und Ihr Vermögen haben, können Sie Finanzen zu einer positiven und unterstützenden Kraft in Ihrem Leben machen.

Schwächen und Zweifel nie zeigen

Zeigen Sie niemals Schwächen oder Zweifel. Niemand will Geschäfte mit einem Zweifler machen. Nur, wenn Stärke von Ihnen ausgeht, werden Ihnen Menschen vertrauen und folgen. Das bedeutet nicht, dass Sie überhaupt keine Zweifel haben. Sie sollten diese jedoch für sich behalten.
Je weniger Sie über Schwächen und Zweifel nachdenken, desto weniger Einfluss werden diese auf Sie haben. Je mehr Sie sich mit ihnen beschäftigen, desto grösser werden sie. Zudem ist die Tugend der Bescheidenheit, ist stark überbewertet.

10 Schritte zu mehr Selbstvertrauen

Sie haben viel mehr Talent und Potenzial, als Sie in einem Leben aufbrauchen könnten. Das Einzige, was Sie abhält, das Leben zu führen, das Sie eigentlich Leben sollten, ist die Höhe Ihres Selbstvertrauens.

Zusammenfassend können wir festhalten, dass folgende 10 Dinge Ihr Selbstbewusstsein aufbauen:

1. Selbstdisziplin
2. Wissen und lernen
3. Eine klare Idee, was Sie tun sollen oder wohin Sie gehen
4. Kleine Erfolge
5. 100% Verantwortung übernehmen
6. Finanzen unter Kontrolle
7. Klare Werte

8. Kernfähigkeiten weiter entwickeln
9. Ehrlichkeit
10. Kleine, tägliche Gewohnheiten ändern

Fordern Sie auch den Spezialreport über das Thema Selbstvertrauen an, indem Sie auf www.noeme.org gehen.

Selbstvertrauen: Das Wichtigste im Überblick

- Die Wahrheit ist jedoch, dass nur Angst und Zweifel in Ihre eigenen Fähigkeiten das einzige ist, was Sie zurückhält.
- Die Vergangenheit entspricht nicht der Zukunft.
- Wenn Sie an die Spitze kommen wollen, dann müssen Sie sich dafür **entscheiden**, an die Spitze zu kommen.
- Schreiben Sie 15 Erfolge aus Ihrem Leben auf.
- Leben Sie immer in Wahrheit mit allen Menschen und allen Umständen.
- Die wirkliche Grundlage für Selbstvertrauen bilden Ihre Werte.
- Lernen (1) – Etwas Erfolg (2) – Misserfolg (3) – Lernen (4) – Viel Erfolg (5)
- Machen Sie sich keine Sorgen über mögliche Fehlschläge. Sorgen Sie sich lieber über die Gelegenheiten, die Sie verpassen, wenn Sie es nie probieren.
- Der Mutige schaut sich seine Ängste an und macht dann trotzdem das, was ihn weiterbringt, obwohl er Angst hat.
- Niemand ist wirklich besser als Sie und niemand ist wirklich klüger als Sie.

Selbstfindung

Szene 13 (DVD) aus dem Film Rounders mit Matt Damon

Der Uniprofessor und Matt Damon treffen sich in einem Restaurant. Matt, der an dieser Uni Jura studiert, bittet den Professor um persönlichen Rat. Matt verfügt über ein unglaubliches Talent im Kartenspielen. Da seine Freundin nicht wollte, dass er nachts mit „schrägen Vögeln" um Geld spielt, hatte er sich entschieden, vor zwei Jahren mit dem Kartenspielen aufzuhören und fing an der Uni mit dem Studium an. Der Professor war sich im Klaren darüber, dass Matt jedoch nie richtig mit dem Herzen bei der Sache war.
Er gab Matt einen Rat, indem er ihm seine eigene Geschichte erzählte. Als er jung war, wollten seine Eltern, dass er Rabbi werde. Im Alter von 13 Jahren wurde ihm jedoch klar, dass er niemals Rabbi werden wollte. Seine Eltern waren sehr bestürzt über seine Entscheidung und sandten ihn nach New York, wo er Rechtswissenschaften studierte. Dies hingegen war genau das, was er fühlte, tun zu müssen. All die Jahre, die seither vergangen waren, versuchte er seine Eltern zu überzeugen, dass sein gewählter Beruf ebenfalls eine angesehene Tätigkeit sei. Seine Eltern hingegen konnten sich bis heute nie damit abfinden.
Die Kernaussage des Films folgte, als Matt Damon den Professor fragte, ob er wieder die gleiche Entscheidung treffen würde. Daraufhin der Professor: „Welche Entscheidung? Wir können nicht davor wegrennen, wer wir wirklich sind. Unser Schicksal wählt uns."

Sinn des Lebens

Wir alle haben eine einzigartige Begabung, und wir sind hier, um diese zu entdecken.

In diesem Kapitel beschäftigen wir uns mit Ihren verborgenen Talenten, Fähigkeiten und Ihrem Charakter. Ich bin davon überzeugt, dass jeder Mensch eine einzigartige Begabung hat, welche sein Schicksal darstellt und nur so ein erfülltes Leben führen wird.

Nur wenn Sie sich genau kennen, werden Sie ein erfülltes Leben führen können. Erfolgreiche Menschen wissen genau, wer sie sind, was sie gut können und was sie nicht gut können.

Vielleicht haben Sie den Weg eines Buchhalters eingeschlagen und fühlen instinktiv, dass es Sie nicht befriedigt. Sie sehnen sich nach mehr Kontakt mit Menschen. Wahrscheinlich haben Sie diesen Weg eingeschlagen, da jemand es, auch wenn nur unbewusst, von Ihnen erwartet hat. Es kann aber auch sein, dass Sie sonst irgendeinen Job machen, der Sie nicht ausfüllt. In Ihrem Innern wissen Sie, dass Sie eigentlich etwas anderes machen sollten. Aber da Sie sich nicht sicher sind, bleiben Sie in einem Zustand von Leere und sind wie gelähmt.
Möglicherweise ist aber Ihre Situation nicht so schlecht. Dennoch haben Sie keine Ahnung, was Sie mit dem Rest Ihres Lebens anstellen sollen.

_____
_____
_____
_____

Warten Sie nicht, bis Sie nach einem Flugzeugabsturz der einzige Überlebende sind und sich dann fragen müssen, was Sie wirklich mit Ihrem Leben anfangen sollten.

Der Zeitpunkt ist genau jetzt. Verschwenden Sie keine Zeit mehr, indem Sie etwas tun, das Sie nicht mit voller Begeisterung und Spass erfüllt. Ich bin davon überzeugt, dass wir nur dann wirklich glücklich sind, wenn wir herausfinden, wer wir sind und was wir wollen.

Dies kann ein Prozess sein, der mehrere Wochen oder Monate dauert. Sich mit sich selbst zu beschäftigen kann sehr interessant sein. Ich habe deshalb mehrere Fragen zusammengestellt, die Ihnen dabei helfen sollen, mehr über sich selbst herauszufinden. Ich rate Ihnen, alle diese Fragen so genau wie möglich zu beantworten und die Quintessenz in einem separaten Erfolgs – und Ideenjournal festzuhalten. Manchmal müssen Sie sich eine Frage mehrmals stellen und Sie werden andere Antworten bekommen. Dabei ist es wichtig, dass Sie frei aus Ihrer Seele antworten, ohne dabei zu überlegen, was andere von Ihrer Antwort halten könnten.
Ich selbst habe zwei Jahre gebraucht, bis ich es für mich herausfand. Es war ein langer Prozess und ich schwor, nicht vorher damit aufzuhören, bis ich die Antworten gefunden hatte. Ich habe unzählige Persönlichkeitstests gemacht und jeder Einzelne hat mich ein Stück näher an die Antwort gebracht. Zudem habe ich täglich in mein Journal geschrieben und versucht, die ideale Tätigkeit für mich in Worte zu fassen. Das Entscheidende dabei war für mich, dass ich immer wieder eine kurze Zusammenfassung meiner Erkenntnisse gemacht habe. Und dann ist folgendes passiert:

Irgendwann werden Sie an einen Punkt kommen, wo es Ihnen wie Schuppen von den Augen fällt und Sie dann genau wissen, was Ihr Lebenszweck ist.

Ich kann Ihnen gar nicht beschreiben, was das für ein Moment war. Die Antwort lag immer irgendwie vor meiner Nase und doch konnte ich Sie lange nicht erkennen. Ich hatte 9 Jahre meines Lebens in der Finanzwelt verbracht und erkannte nun endlich den Sinn meines Lebens. Basierend auf meinen Talenten, Werten, Zielen und Träumen konnte ich mir den Plan im Nu ausmalen. In diesem Moment schoss mir eine ungekannte Energie durch den Körper, die mich beflügelte und meinem Leben eine neue Richtung gab. Obwohl ich die gewünschten Veränderungen nicht von heute auf morgen machen konnte, so hatte ich doch eine Mission. Ich war nicht mehr gefangen in einem Leben, das mich nicht erfüllte und sogar hin und wieder deprimierte.

Die Basis für Ihr Glück

Nur wenn Sie die richtige Tätigkeit für sich gefunden haben, ist es überhaupt möglich erfolgreich zu werden. Natürlich können Sie mit vielen Dingen ein wenig Erfolg erzielen. Wenn Sie aber etwas tun, das nicht wirklich Ihrer Natur entspricht, werden Sie niemals wirklich erfolgreich.

Sie werden niemals beruflichen Schiffbruch erleiden, wenn Sie das tun, wozu Sie eigentlich geboren wurden.

_____

_____

_____

Wir leben in einer Zeit, in der wir oft mit dem Strom mitschwimmen und uns gar nie die Zeit nehmen nachzudenken, was wir eigentlich mit unserem Leben anfangen wollen. Hinzu kommt oft

noch der Druck der Eltern oder der Gesellschaft, die das Ganze auch nicht einfacher machen.
Fragen Sie sich, wozu Sie auf der Welt sind. Was ist Ihr Lebenszweck? 40 Jahre lang im gleichen Unternehmen zu arbeiten? Sicher nicht, oder?

Mein Freund und sein Dilemma

Mein Freund Berni hat mit viel Mühe auch sein Abitur gemacht. Obwohl er sehr intelligent und gebildet ist, fiel er aus dem einen Gymnasium aufgrund von schlechten Noten raus. Bei einem erneuten Anlauf entschied er sich, von selbst zu gehen, da er sich einfach nicht genug motivieren konnte. Seine Eltern schlugen ihm vor, in einer Privatschule sein Abitur zu machen, da man dort von zu Hause aus studieren konnte.
Seine beiden Eltern hatten studiert und sein älterer Bruder hatte sogar noch doktoriert. Für Berni war es die logische Folge, auch zu studieren, obwohl er sich nicht ganz im Klaren darüber war, welche Richtung er wählen sollte.
Da er in seiner Jugend immer gerne mit Computern gespielt und sich besonders gut auskannte, entschloss er sich Elektrotechnik zu studieren. Eigentlich wusste er nicht sehr viel über diese Studienrichtung. Eines aber wusste er: es würde seine Eltern glücklich machen, da er wollte, dass sie stolz auf ihn sein würden. Bereits nach zwei Wochen merkte er, dass es ihm überhaupt nicht gefiel. Viel zu theoretisch und zu viel Mathematik. Er realisierte, dass dies nicht die richtige Richtung für ihn war.

Da er die Anmeldefrist für einen neuen Studienbeginn verpasst hatte, entschloss er sich, in 6 Monaten ein anderes Studium anzufangen. In der Zwischenzeit arbeitete er bei einer Computerfirma als PC-Supporter.

Das nächste Studium war Japanologie. Die japanische Kultur interessierte ihn sehr und er wollte schon immer mal eine exotische

Sprache lernen. Obwohl er sich sehr dafür einsetzte und viel lernte, fiel er nach einem Jahr bei den Zwischenprüfungen durch. Er war sehr demotiviert und entschied sich, etwas anderes zu studieren. Er dachte sich, dass Volkswirtschaft sehr interessant sein könnte. Bevor er sich jedoch dazu entschloss, besuchte er einige Lektionen, um zu sehen, ob es ihm auch gefallen würde und er vier Jahre damit aushalten konnte.

Obwohl seine Eltern auf ihn keinen Druck ausübten, verspürte er doch ihre Erwartung, dass er einen Uni-Abschluss machen sollte.

Schliesslich wurde es ihm klar: er wollte gar nicht studieren. Offensichtlich gab es auch wirklich keine Studienrichtung, die ihn genug motivierte. Er hatte ja einiges ausprobiert.

Berni musste nun in sich hineingehen und sich fragen, was er mit seinem Leben machen wollte. Die Antwort ist für Sie als Leser wahrscheinlich offensichtlich, jedoch brauchte es einige Zeit, bis er sich entschloss, sich im Computerwesen selbständig zu machen. Er kreiert heute Websites und macht Filme, die er mit Hilfe von Computerprogrammen erstellt. Mehr dazu auf www.mindfuel.ch

Die innere Suche

Sein wahres Selbst findet nur, wer sich fragt: „Wer bin ich?" Stellen Sie sich dieser Frage. Zunächst denken Sie wahrscheinlich an die Aufgabe, die Sie im Leben haben. Fragen Sie sich dabei: „Bin ich das wirklich?" Wenn Sie unablässig weiter fragen, kommen Sie schliesslich zum Kern Ihres wahren Selbst, der unveränderlich ist.

Schreiben Sie Ihre Gedanken doch stichwortartig auf:

_____
_____
_____

Wenn Sie heute $10 Millionen im Lotto gewinnen würden, würden Sie weiterhin jeden Tag zur gleichen Arbeitsstelle fahren?

_____
_____
_____
_____

Wenn Ihre Antwort „nein" ist, dann stimmt etwas mit Ihrer Tätigkeit nicht. Nur, wenn Sie etwas tun, das Sie lieben, spielt das Geld zunächst mal keine Rolle. Fragen Sie sich auch, was Ihnen gut an Ihrer Arbeit gefällt und was Sie nicht gerne machen.

_____
_____
_____
_____

Nächste Frage: Nachdem Sie nun die $10 Millionen bekommen haben und 6 bis 12 Monate lang so richtig gefeiert haben, sich Ihr Wunschhaus, die teuren Autos und viele andere schöne Dinge gekauft haben, was würden Sie dann mit Ihrer freien Zeit anstellen? Sie wollen ja nicht Ihr Leben lang am Strand verbringen, da dies irgendwann einmal langweilig wird. Sie müssen ja etwas mit Ihrem Leben anfangen. Was würden Sie dann also tun, wenn Sie genau an diesen Punkt gekommen sind?

_____
_____
_____
_____

Was haben Sie sich schon immer gewünscht? Was sind Ihre sehnlichsten Gedanken oder Wünsche?

_____
_____
_____
_____

Welchen Verhalten bewundern Sie bei anderen am meisten, vermissen es aber bei sich selbst?

_____
_____
_____
_____

Wozu wurden Sie geboren? Was will Gott, dass Sie tun? Was ist Ihr geheimes Schicksal?

_____
_____
_____
_____

Was ist Ihre Leidenschaft? Welche Bücher stehen bei Ihnen im Regal oder für welche Artikel in einem Magazin interessieren Sie sich besonders?

_____
_____
_____
_____

Ihr Begräbnis

Ein anderer Weg, um seinen Lebenszweck zu finden, ist die Begräbnis-Übung.
Stellen Sie sich vor, Sie sind als alter Mensch gestorben und Sie sind als Geist an Ihrem eigenen Begräbnis. Was würde der Redner auf Ihrer Beerdigung in seiner Rede über Sie erwähnen?

_____
_____
_____
_____

Vor Ihrer Geburt

Sie können das ganze natürlich auch von der anderen Seite her anschauen. Mal angenommen, Sie sind noch nicht geboren worden. Kurz bevor Sie in die Welt stossen, läuft Ihr Leben in einer Art Film vor Ihrem inneren Auge ab. Wie würde dieser Film aussehen? Ist es ein gutes Leben? Wodurch zeichnet sich dieses Leben besonders aus? Welche Lektionen werden Sie in diesem Leben lernen?

_____
_____
_____
_____

Freie Zeit und nichts zu tun

Ein anderer Weg, um herauszufinden, was Ihnen besonders Spass macht, ist die Übung, einen Monat lang kein Fernsehen zu schauen. Vielleicht werden Sie zunächst nicht wissen, was Sie mit Ihrer freien Zeit anstellen sollen. Beobachten Sie sich selbst und widerstehen Sie der Versuchung, den Flimmerkasten einzuschalten.

Sie können aber auch für eine Woche an den Strand oder in die Berge fahren. Wichtig ist, dass Sie weg von zu Hause sind und in aller Ruhe über Ihr Leben und Ihre Ziele nachdenken können.

Schicksal und Bestimmung

Viele Männer gehen ihr ganzes Leben lang zum Angeln, ohne zu wissen, dass es nicht die Fische sind, denen sie nachjagen.
(Henry David Thoreau)

Bezüglich des Schicksals gibt es verschiedene Ansichten. In der westlichen Welt gilt allgemein die Auffassung, dass Sie sich Ziele setzen sollen und somit Ihr Schicksal selbst in die Hand nehmen. In der östlichen Welt ist die Philosophie bezüglich Schicksal ganz anders. Dort wird geglaubt, dass jedem bereits sein Schicksal vorgegeben ist. Die Menschen sind der Auffassung, dass jedermann herausfinden soll, was sein Schicksal ist und es dann mit offenen Armen entgegen zu nehmen. Im Prinzip ist es wie im Film Rounders, von dem ich Ihnen ja ein zu Beginn dieses Kapitels ein Beispiel gegeben habe: Das Schicksal wählt Sie und nicht umgekehrt.

Welche Auffassung ist Ihnen sympathischer?

Es ist so eine Sache mit dem Schicksal. Manchmal glauben wir, etwas Bestimmtes zu wollen oder erreichen zu müssen. Wir stellen dann vielleicht fest, dass wir es nicht bekommen. Dadurch erreichen wir manchmal unseren Traum nicht, erhalten dafür unser Schicksal. Es kann sein, dass Ihr Schicksal Sie ganz wo anders hinführt, als dass Sie es gerne hätten. Das ist nicht weiter schlimm. Akzeptieren Sie es und freuen Sie sich an Ihrer Aufgabe.

Das Schicksal eines Menschen liegt in seinem Charakter.

Wenn Sie eine bestimmte Charaktereigenschaft auszeichnet, dann kann es sein, dass Ihr Schicksal Sie deswegen in eine bestimmte Richtung lenken wird. Im Prinzip können Sie dann gar nicht anders, als Ihrem Instinkt zu folgen.
Wenn Sie beispielsweise einen ausgeprägten Sinn für Gerechtigkeit haben, dann werden Sie aller Wahrscheinlichkeit auch einen Beruf oder eine Tätigkeit wählen, in der Sie diese Charaktereigenschaft ausleben können. Je mehr Sie im Einklang mit sich selbst sind, desto erfüllter wird Ihr Leben sein.
Die Analyse Ihres Charakters wird Ihnen ein hilfreicher Indikator sein, für das, was Sie eigentlich tun sollten.

Sich selbst treu sein

Gehen Sie keine Kompromisse ein, wenn es um Ihre Wünsche geht. Haben Sie den Mut und das Selbstvertrauen, das zu tun, was Sie wirklich wollen. Haben Sie keine Angst davor, was andere davon halten könnten.

Die ideale Tätigkeit für Sie

Wenn Sie sich Ihren eigenen Job kreieren könnten, wie würde dann Ihr Tagesablauf aussehen? Welche Art von Arbeit würden Sie am liebsten tun? An welchen Orten möchten Sie Ihre Arbeit tun? Welche Dinge müssten erfüllt sein, damit Sie einhundertprozentig zufrieden wären? Wie würde Ihr idealer Tag aussehen?

_____
_____
_____
_____

Verschwenden Sie nicht Ihr Leben. Wenn Sie sich in einer Situation, Beziehung oder Arbeitsstelle befinden, die für Sie nicht richtig ist, dann rate ich Ihnen, sich so schnell wie möglich davon zu entfernen. Auch wenn Sie im Moment nicht genau wissen, was Sie sonst tun sollen, so werden Sie doch relativ schnell eine neue, bessere Lösung finden.

„Tue im Leben nur, was Du wirklich willst."
Wann immer Sie etwas tun, das Sie eigentlich gar nicht tun wollen, dann sollte Ihnen dieser Satz wie ein Warnsignal ins Gehirn schiessen.

Zugang zu Ihrem inneren Selbst

Stellen Sie sich folgende Fragen und machen Sie eine kleine Situationsanalyse Ihrer derzeitigen Situation:

1. Welche Umstände müssten für mich erfüllt sein, dass ich 100%ig glücklich wäre?
2. In welchen Situationen in meinem Leben oder mit wem bin ich nicht wirklich glücklich?
3. Wenn ich mein Leben betrachte: Wo und wann war ich am glücklichsten? Mit wem war ich zusammen und was tat ich damals?

_____
_____
_____
_____

Was wollen Sie wirklich?

Wenn Sie nicht wissen, was Sie tun sollen, dann tun Sie, was Ihnen am nächsten kommt. Die Antwort wird irgendwann kommen.

Sie müssen nicht unbedingt leidenschaftlich am Anfang sein. Sie müssen nicht unbedingt das lieben, was Sie tun. Sie sollten jedoch die Möglichkeit lieben, den Prozess beginnen zu können und wo Sie in fünf oder zehn Jahren sein könnten.

Vergessen Sie für einen Moment Ihr Business oder Ihr Geschäft. Fragen Sie sich nicht, was am besten für Ihre Karriere oder Ihren Geldbeutel wäre. Was wirklich wichtig ist, ist die Frage, was Sie mit Ihrem Leben machen wollen.

Die meisten Menschen wollen:

1. Reich sein
2. Glücklich sein
3. Liebe
4. Erfolg
5. Spass haben
6. Gute Beziehungen
7. Sportlicher und gesunder Körper
8. Anerkennung

Was ist Ihnen wirklich wichtig?

_____
_____
_____
_____
_____

Ihr Ideen – und Erfolgsjournal

Am besten kaufen Sie sich ein leeres Tagebuch. Dieses Buch ist Ihr Ideen- und Erfolgsjournal, in welches Sie alle Gedanken notieren. Schreiben Sie täglich Ihre Ziele, Erkenntnisse, Ideen und Erfolgserlebnisse in Ihr Journal.
Sie werden schon nach wenigen Wochen sehen, wie wertvoll dieses Buch für Sie werden wird. Es baut nicht nur Ihr Selbstbewusstsein auf, sondern hält auch viele Business-Ideen für Sie bereit, die andernfalls verloren gegangen wären.
Durch das tägliche Aufschreiben und Analysieren Ihrer Wünsche und Ziele, werden Sie mehr Klarheit für das bekommen, was Sie wirklich wollen.

Gehen Sie auch auf www.noeme.org und erhalten Sie den Gratis-Newsletter. Sie werden somit regelmässig Ideen und Inputs erhalten, die Ihnen helfen sollen, Ihren Zielen näher zu kommen.

Mission Statement / Leitbild

Jede Firma hat ein Mission Statement. Ein Mission Statement ist ein Liste von Grundsätzen, für die sich das Unternehmen einsetzen will. Wir können es ein wenig mit den 10 Geboten vergleichen. Nur, dass diese Gebote für die Ideale der Firma stehen.

Eine wunderbare Übung ist die Erstellung Ihres persöhnlichen Mission Statements. In diesem Statement listen Sie all die Dinge auf, für die Sie einstehen wollen, die Ihnen wichtig sind und beschreiben die Person, die Sie gerne sein möchten.

Ich möchte Ihnen dazu als Beispiel mein eigenes Mission Statements geben:

Mission Statement von Norman Meier

Sei der beste Vater und Ehemann, den du sein kannst.
Sei immer ehrlich mit dir selbst und anderen und handle stets mit Integrität.
Sei eine fröhliche und nette Person.
Zeige Optimismus in jeder Situation und habe immer einen offenen Geist.
Höre auf deine Intuition und handle dementsprechend.
Sei stark und diszipliniert.
Mache niemals einen Kompromiss, wenn es um deine Werte geht.
Hilf und unterstütze deine Familie und Menschen, die mir wichtig sind.
Hilf Menschen, die in Not sind, die Hilfe verdienen und sich nicht selber helfen können. (nicht Menschen, die faul sind)
Sei gut zu Tieren und unterstütze entweder dein eigenes Projekt oder eine Organisation deiner Wahl.
Sei lustig, fröhlich und habe einen Sinn für Humor.
Nimm andere nicht zu ernst.
Sei aktiv und mutig. „Just do it" ist besser als zögernd und gelähmt von Angst zu sein.
Sei immer ein Unternehmer und lebe deine Berufung.
Sei immer frei und unabhängig.
Lerne und wachse ständig.
Lebe deine Träume.
Habe Vertrauen in den Sinn deines Lebens. Hab keine Angst, wo dich das Leben hinführt. Hab vor nichts und niemandem Angst. Der Tod wird dann kommen, wenn er kommen muss. Das ist nun mal so. Aber sterbe nicht, bevor du nicht dein Schicksal gefunden hast und dein Leben zum Vollsten gelebt hast.
Nichts ist es wert zu leugnen, wenn es darum geht, wer du bist und was du glaubst.
Verkaufe dich niemals für deine Karriere, Liebe oder soziale Anerkennung. Deine Seele soll niemals einen Kompromiss eingehen müssen.
Du kannst deine Integrität und Einzigartigkeit bewahren und trotzdem all das vom Leben bekommen, was du willst.

Wie sieht Ihr Mission Statement aus?

Mein Mission Statement

_____
_____
_____
_____

Die Reihenfolge der Werte

Die Reihenfolge der Werte spielt eine wichtige Rolle. Wenn zum Beispiel zwei Menschen die gleichen drei Werte Karriere, Familie und Gesundheit haben, so können diese Personen doch grundlegend verschieden sein, da sie in einer anderen Reihenfolge vorkommen. Person A hat folgende Reihenfolge: 1. Karriere, 2. Gesundheit, 3. Familie. Wenn es nun darum geht, länger bei der Arbeit zu bleiben, so wird sich Person A ohne Zögern dazu entschliessen. Er wird sogar soweit gehen, dass er seine Karriere über seine Gesundheit und seine Familie stellt. Nichts ist ihm wichtiger.
Person B hat die genau gleichen Werte wie Person A. Person B hat folgende Reihenfolge: 1. Familie, 2. Gesundheit, 3. Karriere. Wenn es nun darum geht, länger bei der Arbeit zu bleiben, so wird sich Person B schwer damit tun, da er lieber bei seiner Familie wäre.
Obwohl beide die gleichen Werte haben, ist der Unterschied doch sehr gross. Mit welcher Person wären Sie zum Beispiel lieber befreundet?

Bitte setzen Sie Ihre Werte, die Sie im Kapitel Selbstvertrauen ermittelt haben, in die für Sie richtige Reihenfolge:

Priorität 1 _____

Priorität 2 _____

Priorität 3 _____

Priorität 4 _____

Priorität 5 _____

Die wahre Reihenfolge zeigt sich erst wirklich, wenn Sie gezwungen werden, eine Entscheidung bezüglich dieser zu treffen. Zudem kann es sein, dass Sie feststellen, dass Ihre Werte in Wirklichkeit anders sind, als Sie jetzt gerade glauben. Beobachten Sie sich, wenn Sie unter Druck sind und wozu Sie tendieren. Es kann sein, dass Ihre wahren Werte dann zum Vorschein kommen.

Talente und Fähigkeiten

Was kann ich besonders gut? Wo war ich gut in der Vergangenheit? Was sind meine Fähigkeiten?

Es geht nun darum, dass Sie die Verben (Tätigkeitswörter) aus der Liste markieren, die Sie emotionell und nicht rational ansprechen. Wählen Sie dann von diesen Verben, die drei bis fünf Verben aus, die sie am meisten begeistern, anlachen oder anspringen. Seien Sie dabei ganz spontan, ohne viel nachzudenken:

Bewältigen	beraten	finanzieren	hegen und pflegen	zurückkommen
Machen	erwerben	vergeben	öffnen	überarbeiten

Erreichen	annehmen	entscheiden	betreuen	organisieren
Analysieren	opfern	voranbringen	verteidigen	wählen
Schützen	beeinflussen	erfreuen	fördern	kommunizieren
Durchgeben	bestätigen	überbringen	zusammen-bringen	vollziehen
Beschützen	lindern	beweisen	entwickeln	überzeugen
Verkaufen	verstärken	geben	spielen	dienen
Wertschätzen	anweisen	besitzen	teilen	aufsteigen
Erforschen	heilen	umsetzen	sprechen	verbinden
Verhandeln	diskutieren	vorbereiten	stehen	glauben
Verteilen	überreichen	auffordern	schenken	entwerfen
Identifizieren	preisen	unterstützen	aufmuntern	träumen
Entzünden	produzieren	aufbauen	beleuchten	ertragen
Erziehen	versprechen	nehmen	auslösen	auswählen
Verbessern	dranbleiben	umarmen	improvisieren	sich einsetzen
Ermutigen	inspirieren	realisieren	sammeln	zusammen-spannen
Integrieren	empfangen	handeln	vereinen	sich engagieren
Gewinnen	übersetzen	befehlen	konstruieren	reduzieren
Reisen	verbessern	wissen	verstehen	arbeiten
Nachdenken	hüten	kämpfen	beleben	gründen
Gestalten	führen	betrachten	bewerten	unterhalten
Beherrschen	erschaffen	entspannen	kreieren	messen
Befreien	wagen	einschätzen	vermitteln	sich ausdrücken
Formen	studieren	erkunden	erneuern	bauen
Motivieren	schreiben	singen	tanzen	bewegen
Beibringen	hervorbringen	verblüffen	lieben	führen

Talente

Was ist ein Talent? Ein Talent ist das, was Sie gerne tut und gut können. Es ist auch etwas, das Sie gerne tun würden oder an einem anderen bewundert. Dies kann ein verdecktes Talent sein. Etwas, das Sie gut können, aber nicht gerne tun, ist kein Talent, sondern lediglich antrainiert.

Schreiben Sie 20 Talente von Ihnen auf. „Was, so viele?", werden sich nun einige sagen. Sie werden erstaunt sein, wie viele mehr Sie eigentlich haben.

Beginnen Sie mit dem Satz: „Ich kann gut ..."

Beispiele von Talenten

Zeichnen	zuhören	schreiben	Sport treiben	malen
Verarbeiten	designen	schneidern	kochen	schauspielern
Musizieren	tanzen	nachforschen	reisen	reden
Vortragen	merken	umgehen	spontan reagieren	einen Riecher haben
Träumen	planen	überzeugen	Ziele erreichen	Frieden schlichten
Loben	Vision haben	kreativ sein	Charme einsetzen	lernen

Es geht nun darum, dass Sie die zwanzig Talente in vier Kategorien sortieren und dann einen Überbegriff für jede Gruppe finden.

Beispiel:

Talente: zeichnen, schreiben, malen, designen, musizieren, tanzen, reden
Überbegriff: vielseitig ausdrücken

Bereiche

Menschen	Unternehmertum	Freizeit	Sicherheit	Politik
Religion	Architektur	Gesundheit	Ausländer	Bildung
Reisen	Immobilien	Technik	Bücher	Informationen
Jugendliche	Sexualität	Computer	Kinder	Kunst
Rentner	Spiritualität	Fernsehen	Radio	Zeitung
Kranke	Tiere	Tourismus	Umwelt	Landwirtschaft

Ernährung	Essen	Rechte	Familie	Mode
Filme	Musik	Wirtschaft	Finanzen	Nachrichten
Frauen	Management	Garten	Natur	Unterhaltung

Die 4 Persönlichkeitstypen

Wer einmal sich selbst gefunden hat, kann nichts auf dieser Welt mehr verlieren. Und wer einmal den Menschen in sich begriffen hat, der begreift alle Menschen.
Stefan Zweig

Es gibt vier grundsätzliche Persönlichkeitstypen, die mit vier verschiedenen Farben gekennzeichnet sind: Rot, blau, grün und gelb. Jede, dieser vier Persönlichkeitstypen, beschreibt die wesentlichen Charakterzüge des Typs.
Vielleicht werden Sie sich selbst oder andere Menschen, die Sie gut kennen, total in einem dieser beschriebenen Typen wieder finden. Die meisten haben jedoch eine dominante Farbe und eine zweite Farbe, die ebenfalls stark ausgeprägt ist.

Basierend auf dieser Persönlichkeitsanalyse werden Sie feststellen, welche Tätigkeiten eher Ihrem Naturell entsprechen und welche nicht. Zum Beispiel der rot-strukturierte Typ, der sehr dynamisch und nicht detailorientiert ist, wird sich als Buchhalter eher schwer tun. Auf der anderen Seite wird ein stark blau-dominanter Typ den Kontakt mit Menschen eher meiden und sich lieber auf eine Tätigkeit konzentrieren, die mit Daten und Fakten zutun hat.

Ich möchte Sie nun auffordern, die einzelnen Typen durchzulesen und jede Eigenschaft, die zu Ihnen passt, zu unterstreichen. Am Ende können Sie dann sehen, bei welchen Typen Sie am meisten unterstrichen haben. Es geht darum, dass Sie diese Übung so ehrlich wie möglich machen. Es gibt keine „besseren" oder „schlechteren" Typen. Alle sind wichtig und haben Ihren Platz in der Welt.

Rot

Lebhaft, Initiativ, aktiv, impulsiv, dominierend, engagiert, ungeduldig, undiplomatisch, emotional, laut, abreagierend, dynamisch, sprunghaft, schwungvoll, Improvisationstalent, Entschlussfreudigkeit, Durchsetzungsvermögen, Risikobereitschaft, willensstark, mutig, konfliktbereit, zielorientiert, begeisternd, Herausforderung, fordern, rastlos, direkt, abenteuerlustig, lebendig

Typische Berufe: Verkäufer, Pionier, Radikale Berufe
Sport: Rennsport, Kampfsport, Extremsport

Blau

Detailorientiert, Präzise, organisiert, systematisch, Planung, überlegt, geordnet, sachlich, beständig, geduldig, vernünftig, bewahrend, produktiv, Verlässlichkeit, gewissenhaft, prinziptreu, zurückhaltend, nicht initiativ, meidet Körperkontakt, unauffällig, ironisch, Gefühle kaum erkennbar, Abkapselung, still, ernsthaft, nachdenkend, Voraussicht, Zeiteinteilung

Typische Berufe: Steuerberater, Programmierer, Finanzanalyst, „Computerfreak"
Sport: Ausdauernde Sportarten, Wandern, Laufen, Schach

Grün

Gesprächig, gesellig, gemütlich, liebenswürdig, Gespür für Menschen, kompromissbereit, entgegenkommend, sucht Nähe, mitten drin, gefühlsbetont, erzählt gerne Geschichten, persönlich, weitschweifig, unkonzentriert, Gefühle leicht erkennbar, Fingerspitzengefühl, empfindsam, beruhigend, sozial, Wertschätzung, spüren

Typische Berufe: Sozialarbeiter, Kindergärtnerin, Religion, Vermittler
Sport: Teamsportarten

Gelb

Innovativ, künstlerisch, kommunikativ, Visionär, abwechslungsreich, unkonventionell, beweglich, vielseitig, unterhaltsam, ausweichend, flexibel, überraschend, Toleranz, inspirieren, zerstreut, oberflächlich, einflussreich, Harmonie, Grenzenlosigkeit, geistreich, kreativ, wissbegierig

Typische Berufe: Künstler, Werbefachmann, Redner, kreative Berufe
Sport: Spielsport, Denksportart

Typenbestimmung

Am meisten habe ich mit folgendem Typ gemeinsam: _____

Der Typ mit den zweitmeisten Eigenschaften: _____

Es gibt unzählige Bücher über dieses Thema. Entscheidend ist jedoch, dass Sie für sich herausfinden, welche Tätigkeit am besten zu Ihnen passt. Sie werden nur dann wirklich glücklich sein, wenn Sie eine Tätigkeit ausüben, die in Harmonie mit Ihrem Typ ist.

Zusammenfassung der Persönlichkeitsanalyse

Schreiben Sie bitte folgende Dinge auf:

<u>3 wichtigsten Werte</u>

_____   _____   _____

<u>3 Verben / Tätigkeiten</u>

_____   _____   _____

4 Talente

_____   _____   _____

_____

3 Bereiche

_____   _____   _____

Stärken meines Typs

_____   _____   _____

_____

Wenn Sie nun diese Zusammenfassung betrachten, was kommt Ihnen dann in den Sinn? Kann es sein, dass Ihnen ein Licht aufgegangen ist? Oder müssen Sie noch tiefer graben?
Vergleichen Sie diese Zusammenfassung doch einmal mit Ihrer jetzigen Tätigkeit. Was passt und was passt nicht? Was sollten Sie eigentlich tun?

Selbstfindung: Das Wichtigste im Überblick

- Wir alle haben eine einzigartige Begabung, und wir sind hier, um diese zu entdecken.
- Sie werden niemals beruflichen Schiffbruch erleiden, wenn Sie das tun, wozu Sie eigentlich geboren wurden.
- Finden Sie Ihre Leidenschaft.
- Tun Sie im Leben nur, was Sie wirklich wollen.

- Wenn Sie nicht wissen, was Sie tun sollen, dann tun Sie, was Ihnen am nächsten kommt. Die Antwort wird irgendwann kommen.
- Arbeiten Sie mit einem Ideen – und Erfolgsjournal.
- Wie sieht Ihr Mission Statement aus?
- Sie werden nur dann wirklich glücklich sein, wenn Sie eine Tätigkeit ausüben, die in Harmonie mit Ihrem Typ ist.
- Was sollten Sie eigentlich tun?

Die Macht der Klarheit

Der nächste Schritt besteht nun darin, herauszufinden, welche Ziele Sie genau erreichen wollen. Ich habe den bewusst den Titel Klarheit für dieses Kapitel gewählt, da viele Ihre Ziele nicht genau definieren. Vielleicht haben Sie ja irgendein Ziel für einen Bereich Ihres Lebens. Aber wenn Ihr Ziel nicht bis ins letzte Detail klar formuliert ist, werden Sie gar nichts erreichen.

Lassen Sie mich Ihnen einige Beispiele dazu geben:

„Ich will reich sein" genügt zum Beispiel nicht. Auch wenn Sie es sich hundert Mal vorsprechen, werden Sie damit keinen Erfolg haben. Was bedeutet denn „reich sein"? Eine Million? 10 Millionen? Oder würden Sie sich sogar schon mit 500'000 Euro reich fühlen?

Sie könnten auch sagen, dass Sie mehr Geld wollen. Was bedeutet „mehr" Geld? Seien Sie spezifisch. Wenn Sie mehr Geld wollen, dann gebe ich Ihnen einen Euro. Aber das würde Sie wahrscheinlich nicht glücklich machen. Sie müssen es also klar definieren.

Das gleiche gilt für „etwas an Gewicht verlieren". Ohne einen klaren Fokus, wie viel Sie genau verlieren wollen, kommen Sie niemals an Ihr Ziel.

Nur, wenn Sie absolute Klarheit darüber haben, was Sie genau wollen, haben Sie überhaupt eine Chance, es zu erreichen. Merken Sie sich folgenden Spruch:

> *Unklare, nicht genau definierte Ziele bringen Ihnen unklare Resultate.*

Ihre Ziele müssen messbar und klar sein. Es ist wichtig, dass Sie die Ziele runter brechen können. Sie sollten mit einer Zeitlimite versehen und realistisch erreichbar sein. Mit realistisch meine ich, dass Sie auch eine gute Chance haben, das Ziel zu erreichen. Damit meine ich nicht, dass Sie sich tiefe Ziele setzen sollten.

Klarheit kann ein Augenöffner sein

In einer Studie wurde untersucht, wie viel Zeit Eltern, mit Ihren Kindern verbrachten. Als die Eltern zuerst danach gefragt wurden, antworteten die meisten, dass es sich um Stunden handelte. Die Eltern wurden dann gebeten, während einigen Wochen genau aufzuschreiben, wie viel Zeit sie tatsächlich mit Ihren Kindern verbringen. Das Resultat der Analyse war erstaunlich: Die meisten Eltern verbrachten wirklich nur wenige Minuten am Tag aktiv mit Ihren Kindern!

Oft gibt es Dinge, die wir glauben, gut zu machen. Wenn wir dann aber mal genau analysieren, wie die Realität aussieht, kann es schon passieren, dass wir feststellen, dass unsere Bemühungen nicht ausreichend sind.

Die Wahl Ihrer Ziele

Es ist auch wichtig, dass die Ziele, die Sie sich setzen, Ihre Ziele sind. Was meine ich damit? Oft kriegen wir von den Eltern, unseren Freunden, der Gesellschaft, etc. irgendwelche Ziele aufgedrückt. Vielleicht hätten Ihre Eltern viel Freude daran, wenn Sie Medizin studieren oder Anwalt werden. Vielleicht wurde Ihnen ein Ziel von klein auf eingeredet. Fragen Sie sich also ganz ehrlich, was Sie und nur Sie wirklich wollen.

Dazu gehört auch die Quantität des Ziels. Wenn Sie zum Beispiel 50'000 Euro als Ziel haben, sich aber schlecht fühlen, da von Ihnen erwartet wird, dass Sie mindestens 100'000 Euro als Ziel setzen und dann „offiziell" Ihr Ziel hochschrauben, dann werden Sie sich nie emotional mit Ihrem Ziel identifizieren und die Erreichung ist schon von Beginn an unmöglich. Wählen Sie also nur ein Ziel, mit dem Sie sich wohl fühlen und dass Sie erreichen wollen.

Solange Sie ein Gefühl von Stolz bei der Erreichung Ihres Zieles haben, spielt die Höhe oder die Erwartungen anderer keine Rolle.

Hohe Ziele

Ich bin davon überzeugt, dass Sie sich möglichst hohe Ziele setzen sollen. Denn oft können Sie mehr erreichen, als Sie sich zutrauen. Dennoch können zu hohe Ziele sehr demotivierend sein. Die Folge davon ist, dass Sie insgeheim nicht an die Erreichung des Ziels glauben und dann, weil das Ziel so weit weg ist, nichts unternehmen, um dem Ziel näher zu kommen.
Wenn Sie zum Beispiel eine Million innert kürzester Zeit verdienen wollen, dann werden Sie vielleicht unglaublich motiviert sein, eine Million zu erreichen, aber eigentlich passiert nichts Konkretes, das Sie Ihrem Ziel näher bringen würde. Es bleibt ein motivierender Gedanke, ein Traum, ein Hauch von Schleier. Sicher, das Ziel ist emotional motivierend, aber völliger Unsinn, da nichts passiert. Und auch wenn Sie anfangs irgendetwas dafür tun, werden Sie mit der Zeit demotiviert und von Alltag wieder eingefangen.

Und doch ist es wichtig, hohe Ziele zu haben. Wenn Sie zum Beispiel eine Million haben wollen, dann sollten Sie sich dieses Ziel auch setzen. Es gehört aber in den langfristigen Bereich. Irgendwo in den Bereich 5 bis 10 Jahre.

Was machen Sie nun aber in der Zwischenzeit? Setzen Sie sich ein tiefes, realistisches Ziel. Dieses Ziel kann zum Beispiel sein, dass Sie innerhalb einer Woche, 200 Euro verdienen. Oder Sie könnten damit anfangen, ein Investmentkonto eröffnen.

Zeitlimiten für Ziele

Oft hört oder liest man in einem Programm, dass Sie sich kurz –, mittel – und langfristige Ziele setzen sollen. Die Aufteilung dieser Ziele ist ein bis Jahre für kurzfristige Ziele, drei bis fünf Jahre für mittelfristige Ziele und langfristige Ziele sind länger als fünf Jahre. Ich persönlich glaube, dass diese Aufteilung nicht sehr effektiv ist, da die meisten Ziele so weit weg sind, dass Sie nicht viel für die Erreichung dieser Ziele unternehmen.

Mein Vorschlag sieht folgendermassen aus:

Setzen Sie sich 1 Monats -, 12 Monats – und Lebensziele.

Der Grund, weshalb ich kurzfristige Ziele empfehle, ist die Tatsache, dass diese Ziele uns zur Aktion bewegen. Sie sind in greifbarer Nähe und wir sind viel motivierter, sie anzugehen, da wir eine realistische Chance sehen, sie auch tatsächlich zu erreichen.

Beginnen sollten Sie mit den langfristigen Zielen. Was wollen Sie in Ihrem Leben erreichen? Diese Ziele können selbstverständlich so hoch sein, wie Sie wollen. Aber wenn Sie sich eine Million als Ziel setzen, kann es schon passieren, dass Sie ohne kurzfristige Ziele, niemals in die Nähe des grossen Ziels kommen.

Zielsetzung

Ich werde Sie nun auffordern, für alle Bereiche in Ihrem Leben, Ziele zu setzen. Fangen Sie mit den langfristigen Zielen an und gehen Sie dann schrittweise zu den kurzfristigern über.

Langfristige Ziele:

Finanzen

Karriere

Familie

Persönliche Ziele

Spirituelle Ziele

Gesundheit / Fitness

Soziale Ziele

Lassen Sie es mich noch einmal wiederholen. Vielleicht haben Sie ein Ziel gesetzt, dass zwar ganz gut klingt, dass aber nicht genau und klar definiert ist. Ohne absolute Klarheit über das Ziel zu haben, ist die Chance, dass Sie es erreichen, praktisch gleich null. Versuchen Sie also die Ziele so genau wie möglich zu definieren.

Fragen Sie sich auch, WARUM und WOZU Sie diese Ziele erreichen wollen und was passieren würde, Sie diese Ziele nicht erreichen könnten. Nur wenn wir klar wissen, warum und wozu wir etwas wollen, werden wir es auch in Angriff nehmen.

Kurzfristige Ziele sind die besten

Wenn es um kurzfristigere Ziele geht, bitte ich Sie, diese zunächst einmal stichwortartig aufzuschreiben und dann in einem zweiten Schritt klar zu definieren. Es ist absolut ok, wenn Sie die Ziele realistisch setzen. Machen Sie sich eine Checkliste mit einer kleinen Box, damit Sie die Ziele abhaken können. Schreiben Sie alle kurzfristigen Ziele auf ein A4 Blatt und hängen Sie es bei sich zu Hause auf, so dass Sie es jeden Tag sehen.
Ich habe Ihnen dazu ein kleines Beispiel:

12 Monatsziele:

- 20 kg an Gewicht verloren
- 20'000 Euro gespart
- Business System aufgebaut, das mir 2000 Euro monatlich Einkommen bringt
- 3 x 1 Woche Ferien mit meiner Familie (Spanien, USA, Skiferien)
- Mein erstes Buch über Fotografieren geschrieben und gedruckt
- Eine Stiftung gegründet, die Kindern in Not hilft

1 Monatsziele:

- 3 kg an Gewicht verloren
- 1000 Euro gespart
- 200 Euro mit einer neuen Business Idee erzielt
- 1 Woche Ferien mit meiner Familie in Spanien gebucht
- Die ersten 10 Seiten meines Buches geschrieben
- 1000 Euro für Kinderstiftung gesammelt

Alle Ziele, die Sie erreicht haben, können Sie dann mit einem √ abhaken. Sie werden schnell sehen, wie schnell das Ihnen Spass machen wird. Da Sie ständig am erreichte Ziele abhaken sind, werden Sie feststellen, dass Sie automatisch neue hinzufügen werden. Diese Liste ist keine starre, unveränderbare Liste. Sie ist sich ständig am verändern. Wenn Sie feststellen, dass ein Ziel zu hoch gesteckt war, dann können Sie es runtersetzen und in einen kurzfristigeren Bereich setzen.
Die wichtigste Liste, mit der Sie am meisten arbeiten, ist die 1 Monatsliste.

Mit dieser Methode habe ich es geschafft, 9 Finanzdiplome innerhalb von 12 Monaten zu erhalten. Das Finanzinstitut hat eine Statistik geführt, wie lange ein Teilnehmer normalerweise für ein Diplom braucht: 6 Monate. Ich schaffte es also, sämtliche Ziele vier bis fünf Mal schneller zu erreichen, da ich mich mit einer kurzfristigen Zielliste immer wieder motivieren konnte.

Menschen mit Zielen sind erfolgreich, weil sie wissen, in welche Richtung sie gehen. Das ist das ganze Geheimnis.

Entscheiden Sie, was Sie wollen. Es macht Spass, die einzelnen Punkte der Liste abzuhaken, auch wenn es nur etwas Kleines ist.

Wählen Sie ein Ziel

Aus all den Zielen, die Sie soeben aufgeschrieben haben; welches ist das absolut wichtigste? Welches eine Ziel würde den grössten Einfluss auf Ihr Leben haben?

Wichtigstes Ziel   _____

Dies ist nun Ihre wichtigste Mission. Das Entscheidende ist, dass Sie alle Ihre Kräfte und Zeit für dieses eine Ziel einsetzen. Nur, wenn Sie sich mit voller Energie auf dies konzentrieren, werden Sie es auch erreichen.

Setzen Sie sich als Ziel, ein Business System zu erschaffen

Das ist aus meiner Sicht, der beste Rat, den ich Ihnen geben kann. Wenn Sie die Informationen so weit verstanden haben, so sollte Ihnen nun klar sein, dass der wirklich einzige Weg, um finanziell frei zu sein, der Weg als Unternehmer ist. Auch wenn Sie vorhaben, als Pop-Sänger oder Maler Karriere zu machen, so geht das nur, wenn Sie die Zeit dafür haben, das zu tun, was Sie lieben. Auch der Pop-Sänger muss CDs verkaufen und Wege finden, wie er diese möglichst oft verkaufen kann. Das Gleiche gilt für den Maler, der ja auch von seiner Kunst leben will.

Was, wenn das alle machen?

Das gute an der Sache ist, dass es eben nie alle machen werden und deshalb haben Sie eine besonders gute Chance. Lösen Sie sich von Ihrem heutigen Leben und schauen Sie es aus einer Vogelperspektive an. Vergleichen Sie es dann mit der Masse der Menschen, die jeden Tag von 8 bis 17 Uhr zur Arbeit gehen, sich um Rechnungen sorgen und unglücklich sind.
Wenn Sie diese Masse betrachten und Ihnen klar wird, was sie motiviert und steuert, dann können Sie diese Information zu Ihrem Nutzen gebrauchen und aus der Masse ausbrechen.

Der Trick dabei ist als allererstes das Bewusstsein für diese Situation. Danach geht es darum, etwas anders zu machen – sprich anders zu handeln.

Überdenken Sie bitte Ihre heutigen Gewohnheiten. Was hält Sie zurück? Was stiehlt Ihnen Zeit? Von welchen Menschen in Ihrem Leben sollten Sie sich lieber trennen?

Mal angenommen, Sie stehen um sieben Uhr auf. Nachdem Sie sich gewaschen und angezogen haben, lesen Sie während Ihrem Frühstück die Zeitung. Danach machen Sie sich auf Ihren Weg zur Arbeit.

Sie könnten aber auch bereits um fünf oder 5:30 Uhr aufstehen, da Sie früher zu Bett gegangen sind und am Abend kein Fernsehen geschaut haben. Als erstes gehen Sie 30 Minuten joggen, befassen sich dann mit Ihren Zielen und lesen etwas, das Sie persönlich weiterbringt oder lehrreich ist. Danach arbeiten Sie eine halbe Stunde an einem Projekt für eine Selbständigkeit, die es Ihnen ermöglichen wird, sich von Ihrem Job lösen zu können. Nach all dem frühstücken Sie und machen sich auf den Weg zur Arbeit.

Nachdem Sie nun diese zwei Beispiele gelesen haben, können Sie sich vorstellen, dass die Person im zweiten Beispiel im Leben weiterkommen wird? Sie hat etwas anderes gemacht und arbeitet auf Ihre Ziele hin.

In diesem Beispiel haben wir jedoch nur zwei Stunden des Tages angeschaut. Wie könnten Sie den Rest Ihres Tages gestalten? Wie sieht es zum Beispiel mit Ihrer Mittagspause aus? Wie steht es um Ihren Abend oder das Wochenende?

Erkennen Sie, dass alte Gewohnheiten Sie zurückhalten und dass Sie aus dem alten Denkschema ausbrechen müssen, wenn Sie wollen, dass sich etwas verändert.

Vielleicht haben Sie den Ausdruck auch schon mal gehört, dass man im Leben für alles, was man will, einen Preis bezahlen muss. Dieser Preis muss vollständig und im Voraus bezahlt werden.

Oder anders ausgedrückt bedeutet das, dass der Preis, den Sie bezahlen müssen, die Veränderung Ihres täglichen Ablaufs und Ihrer Gewohnheiten ist.

Manchmal ist es eben nicht bequem um fünf Uhr aufzustehen oder auf eine TV-Serie verzichten zu müssen. Diese kleinen Dinge stellen jedoch den Preis des Erfolgs dar. Sie sollten sich deswegen klar sein.

Sie haben viel mehr Zeit, als Sie glauben

Wenn wir mal eine Woche betrachten, dann haben wir 7 Tage mit 24 Stunden oder 168 Stunden zur Verfügung. Wenn wir mal einen normalen Menschen nehmen, dann könnte die Woche folgendermassen aussehen:

Schlafen	*= 49 Stunden*
Arbeit	*= 42 Stunden*
Mahlzeiten (inkl. Zubereitung)	*= 8 Stunden*
Sport	*= 4 Stunden*
Körperhygiene	*= 5 Stunden*
Hausarbeiten	*= 5 Stunden*
Fahrten	*= 5 Stunden*
Lesen, Planen, Nachdenken	*= 7 Stunden*
Erledigungen	*= 3 Stunden*

Verbleibende Zeit für sich selbst pro Woche: 40 Stunden!!!

Oft hört man von Menschen, dass Sie keine Zeit haben. Wenn Sie aber mal eine genaue Analyse Ihrer Woche machen, dann werden Sie feststellen, dass Sie viel mehr Zeit haben, als Sie glauben.
Dabei stellen sich aber auch einige Fragen: Welche Dinge tun Sie heute, die Sie nicht mehr tun sollten? Zum Beispiel TV schauen, Zeit mit unwichtigen Personen vergeuden, Papierkram, etc.

Wenn Sie sich einmal bewusst geworden sind, wie viel Zeit Sie wirklich zur Verfügung haben, werden Sie klar sehen, dass auch Sie die Möglichkeit haben, ein Unternehmenssystem aufzubauen oder Sport zu treiben.

Wie sollte Ihr idealer Tag aussehen?

Wenn Sie sich den idealen Tag zusammenstellen könnten, wie würde dieser aussehen? Inwiefern unterscheidet sich Ihr heutiger Tagesablauf mit Ihrem Traumablauf?
So sieht zum Beispiel mein idealer Tag aus:

06:00 – 06:45	Aufstehen, aerobe Aktivität
06:45 – 07:30	Yoga und Meditation, Beschäftigung mit Zielen
07:30 – 08:00	Dusche und Frühstück
08:00 – 15:00	Firmenkonzept expandieren und Umsatz generieren
15:00 – 17:00	Lesen und Lernen
17:00 – 20:00	Zeit mit Familie verbringen
20:00 – 21:00	Krafttraining
21:00 – 22:00	Schreiben
22:00	zu Bett gehen

Wenn Ihr normaler Tag heute noch anders aussieht, als dass Sie es sich gerne wünschten, so rate ich Ihnen, eine Tätigkeit auszusuchen, die Ihnen mehr Flexibilität gibt. Dies könnte zum Beispiel mit einer Tätigkeit im Verkauf sein.

Analyse von Faktoren, die Sie zurückhalten

Wenn Sie anfangen grosse Träume zu träumen, wird Ihr Selbstvertrauens und Selbstbewusstsein stark ansteigen. Wenn Sie zum Beispiel vorhaben, Ihr Einkommen zu verdoppeln, dann müssen Sie sich ein paar kritische Fragen stellen.

1. Was ist der Faktor, der mich davon abhält oder der das Tempo verlangsamt, um mein Ziel zu erreichen?

_____

_____

2. Was könnte ich tun, um diese Faktoren aus dem Weg zu räumen?

_____

_____

Ein Freund von mir, der ebenfalls im Verkauf tätig war, hatte genau dieses Ziel. Er wollte sein Einkommen in den nächsten 3 Jahren verdoppeln.
Als erstes machte er eine genaue Analyse von seiner jetzigen Tätigkeit und den damit verbundenen Faktoren, die für seinen Erfolg entscheidend waren. Die Faktoren im Verkauf sind meistens immer die gleichen: Kundensegmentierung, Kundenaquise, Präsentation, Vorverkauf, Kundennutzen definieren, Verkaufsgespräch, Abschlusstechnik und Empfehlungsnahme.
Er bewertete alle Faktoren ehrlich von 1 – 10 und fand schliesslich heraus, dass er in einigen Punkten nur schlecht oder durchschnittlich abschnitt. Obwohl er sich sehr viel Mühe in der Kundenaquise gab, stellte er fest, dass sein Hauptproblem die Kundensegmentierung und nicht seine Fähigkeiten am Telefon war. Er entschloss sich daraufhin eine genaue Analyse seiner Kontaktlisten zu machen und kontaktierte ausschliesslich die Kunden, die am Vielversprechendsten waren. Mit dieser Methode schaffte er es, sein Einkommen sogar schon innerhalb eines Jahres zu verdoppeln.

Planung

Menschen, die planen, sind 4x so erfolgreich, wie Menschen, die nicht planen.

Planung muss flexibel sein. Sie muss Ihnen helfen und darf nicht behinderlich sein. Die beste Technik, um zu planen, ist die Salami-Scheiben-Technik. Jedes grosse Ziel kann in kleine Einzelheiten runtergebrochen werden und lässt das Ziel erreichbar erscheinen.

Mein Freund Berni fragte mich, wie er es schaffen könnte, 100'000 Euro als Selbständiger zu verdienen. Wir bestimmten zusammen, welche Kerntätigkeiten er machen wollte. Diese waren 1. Webseiten kreieren und verkaufen, 2. Videofilme für Kunden zu produzieren, 3. PC Support Service.

Wir haben dann folgende Aufteilung vorgenommen:

40%	Webseiten kreieren	= 40'000 Euro pro Jahr
30%	Videofilme produzieren	= 30'000 Euro pro Jahr
30%	PC Support Service	= 30'000 Euro pro Jahr

Danach haben wir es weiter auf einen Monat runtergebrochen. Wir wollten feststellen, wie viel er von jedem Bereich pro Monat verdienen musste:

Webseiten kreieren	= 3333 Euro pro Monat
Videofilme produzieren	= 2500 Euro pro Monat
PC Support Service	= 2500 Euro pro Monat

Da eine Webseite ungefähr 1000 bis 1500 Euro kostet, stellten wir fest, dass er drei Webseiten pro Monat kreieren musste. Einen Videofilm zu produzieren, kostet ca. 1200 Euro. Das bedeutet, dass er zwei Videofilme pro Monat produzieren musste und schliesslich fanden wir heraus, dass er 25 Stunden pro Monat zu je 100 Euro berechnen müsste, um auch das dritte Ziel zu erreichen.

Webseiten kreieren	= drei pro Monat
Videofilme produzieren	= zwei pro Monat
PC Support Service	= 25 Stunden pro Monat

Nach dem Gesetz der Quotenrechnung entstand dann folgende Liste:

drei Kunden für eine Webseite gewinnen	= 16 Kunden eine konkrete Offerte machen
zwei Kunden für Videofilme gewinnen	= 12 Kunden eine konkrete Offerte machen
25 Stunden PC Support Service	= 10 Kunden gewinnen

Pro Woche sah dies dann folgendermassen aus:

vier Offerten für Webseite	= 12 Kunden ansprechen / 2 Kunden pro Tag
drei Offerten für Videofilm	= 10 Kunden ansprechen / 1 bis 2 Kunden pro Tag
2.5 neue PC Support Kunden	= ein Inserat pro Woche in der Zeitung

Indem wir die Ziele in kleine Einzelheiten runtergebrochen haben, entstand ein klarer Fokus worauf sich mein Freund konzentrieren musste. Nun, da er diese Klarheit hatte, konnte er genau die Dinge zu tun, die ihm die 100'000 Euro garantieren würden.

Nichts ist wirklich schwierig, wenn man es in kleine Zwischenziele runterbricht.

Ziele aufhängen

Das Wichtigste im Bezug auf Ziele ist, dass Sie sie täglich sehen. Viele schreiben zwar Ihre Ziele auf, lassen Sie aber in einer Schublade verschwinden und vergessen allmählich, was die Ziele überhaupt waren. Mein Vorschlag:

Schreiben Sie Ihre Ziele auf ein Blatt Papier und hängen Sie es dort auf, wo Sie es täglich sehen.

Das kann neben Ihrem Bett, im Badezimmer oder in der Küche sein. Durch diese Methode werden Sie gezwungen, sich täglich mit Ihren Zielen zu beschäftigen und verlieren nicht den Fokus.

Ein Unternehmen gründen und die Macht der Einfachheit

Bevor das Ganze überhaupt angefangen wurde, sah ich es bereits klar in meinem Kopf. Walt Disney

Wenn Sie ein Unternehmen gründen wollen, dann müssen Sie sich auf das Wesentliche konzentrieren: Kunden zu bekommen ist der einzige Weg, um bezahlt zu werden. Und der einzige Weg, wie Sie Geld verdienen können, ist etwas zu kreieren, wofür andere bereit sind, Geld zu bezahlen

Daraus entstehen zwei Kernfragen:

1. WAS wollen Sie genau tun?
2. WIE wollen Sie es erreichen?

Das ist im Prinzip alles, was Sie wissen müssen. Ihre Mission ist es, Dinge zu erschaffen und diese zu verkaufen. Es geht also um Kunden und Ihr Produkt. Alles andere ist Beigemüse.

Der Unterschied zwischen Ihnen und einem Star

Wenn andere Menschen es geschafft haben, dann können Sie es auch. Der einzige Unterschied zwischen Ihnen und manchem Star ist lediglich, dass die Person herausgefunden hat wie es genau geht und einen unabdingbaren Willen zum Erfolg aufgebracht hatte. Die Person war sich im Klaren darüber, was Sie wollte und war entschlossen, es zu erreichen. Und was jemand vor Ihnen erreicht hat, können Sie auch erreichen.

Die Macht der Klarheit: Das Wichtigste im Überblick

- Wenn Ihr Ziel nicht bis ins letzte Detail klar formuliert ist, werden Sie gar nichts erreichen.
- Klarheit kann ein Augenöffner sein.
- Ich bin davon überzeugt, dass Sie sich möglichst hohe Ziele setzen sollen. Dennoch können zu hohe Ziele sehr demotivierend sein.
- Kurzfristige Ziele bewegen uns zur Aktion.
- Menschen mit Zielen sind erfolgreich, weil sie wissen, in welche Richtung sie gehen. Das ist das ganze Geheimnis.
- Überdenken Sie bitte Ihre heutigen Gewohnheiten.
- Sie haben viel mehr Zeit, als Sie glauben.
- Menschen, die planen, sind 4x so erfolgreich, wie Menschen, die nicht planen.
- Nichts ist wirklich schwierig, wenn man es in kleine Zwischenziele runterbricht.
- Hängen Sie Ihre Ziele dort auf, wo Sie sie täglich sehen.
- Konzentrieren Sie sich auf das Wesentliche.

Finanzielle Freiheit

Was würde ich verpassen, wenn ich in meinem Leben niemals finanziell sicher oder frei wäre?
Wie würde sich das auf meine Beziehungen, Gesundheit, meinen Stresspegel,
mein Selbstwertgefühl oder mein Bedürfnis nach Freiheit auswirken?

Besonders, wenn ich mich in späteren Jahren noch ähnlich abmühen müsste?

Finanzielle Freiheit klingt ziemlich gut, finden Sie nicht auch? Wie ein König leben und mit dem Geld nur so um sich schmeissen zu können...

Wenn ich von finanzieller Freiheit spreche, dann meinen die Meisten finanzielle Unabhängigkeit. Finanzielle Unabhängigkeit bedeutet, dass jemand so viel Geld und Investitionen hat, dass er nicht mehr arbeiten muss und von den Zinsen leben kann.

Finanzielle Freiheit bedeutet für mich aber etwas anderes. Es bedeutet frei von Sorgen über Geld zu sein und sich auf etwas konzentrieren zu können, das einen erfüllt.
Sind Sie sich darüber bewusst, dass auch sehr reiche Menschen arbeiten und nicht einfach auf einer Insel Ferien machen und an Cocktaildrinks nippen.

Finanzielle Freiheit bedeutet auch, dass Sie frei von finanziellen Verbindlichkeiten wie Hypothek, Autoleasing, Kreditkarten, Zahlungsverträgen, etc. sind. Und vor allem bedeutet es, dass Sie ein Einkommen generieren, das Ihren Lebensstandart unterhält. Dieses Einkommen sollte idealerweise durch eine einmal geleistete Arbeit automatisch fliessen, ohne dass Sie sich allzu viel darum kümmern müssen. Dies wird am besten dadurch erreicht, in dem

Sie ein System schaffen, das mit Hilfe von anderen Menschen unterhalten wird.

Wie viel Geld brauchen Sie, um finanziell frei zu sein?

Wenn Ihre Zahl jetzt so etwas wie 100 Millionen ist, dann haben Sie mich falsch verstanden.

Ich habe es zu Beginn bereits erwähnt: Sie sind dann finanziell frei, wenn Ihr passives Einkommen Ihre monatlichen Kosten deckt.

Beispiel

Mal angenommen, Sie haben monatliche Ausgaben von 5000 Euro. Dabei haben Sie aber noch ein Auto, das eine Leasingschuld von 20'000 Euro aufweist und zwei Kreditkarten, die mit je 5000 Euro belastet sind. Ihre Hypothek beläuft sich auf 200'000 Euro. Zusätzlich haben Sie auf einem Konto 10'000 Euro als Notgroschen. Ihr Einkommen ist 6000 Euro.

Finanzielle Freiheit erreichen Sie in den folgenden drei Schritten:

Als erstes sollten die Kreditkartenschuld von 10›000 Euro loswerden, dann das Auto und schliesslich die Hypothek abbezahlen. Somit sind Sie sämtliche Verbindlichkeiten los. Ihre monatlichen Lebenskosten sind dann wesentlich gesunken.

Als zweites geht es darum, Ihr Einkommen zu automatisieren. Am einfachsten geht das, indem Sie ein Unternehmen gründen, welches ein Produkt oder einen Service verkauft. Dieses Unternehmen wird am Anfang zwar zu 100% von Ihnen geleitet, sollte langfristig aber von anderen Menschen bedient werden können. Alles, was Sie dann noch tun, ist zu kontrollieren, ob Ihr Geschäftsführer die Arbeit gut getan hat. Obwohl Sie am Anfang monatliche Lebens-

haltungskosten von 5000 Euro hatten, sind diese wahrscheinlich auf ca. 3000 Euro gefallen, da Sie ja sämtliche Verbindlichkeiten losgeworden sind.
Glauben Sie, dass es möglich sein könnte, ein System zu entwickeln, mit dem Sie monatlich 3000 Euro erzielen können? Ich denke, dass sich das jeder gut vorstellen kann.

Im dritten und letzten Teil geht es darum, Ihr Vermögen aufzubauen, damit Sie irgendwann von den Zinsen leben können und schliesslich finanzielle Unabhängigkeit erreicht haben. Sie sollten dazu Ihr Einkommen erhöhen, in dem Sie Ihr System ausbauen und Geld sparen, welches Sie lohnenswert investieren sollten.

Zusammenfassung des Systems:

1. *Verbindlichkeiten loswerden*
2. *Einkommen automatisieren*
3. *Vermögen aufbauen*

Unterschied zwischen Verbindlichkeiten und Haben

Es ist absolut notwendig, dass Sie sich über den Unterschied von Verbindlichkeiten und Haben im Klaren sind. Verbindlichkeiten sind finanzielle Verpflichtungen, die Sie regelmässig abzahlen müssen. Diese umfassen Dinge wie zum Beispiel Autoraten, Kreditkarten, Kredite, Abzahlungsverträge und ähnliches.
Auf der Haben-Seite sind Geld auf Ihrem Konto, Aktien, Immobilien, andere Wertpapiere, etc.

Einfach ausgedrückt sind Verbindlichkeiten die Dinge, die Ihnen Geld aus Ihrer Tasche nehmen und „Haben" sind die Dinge, die Ihnen Geld in Ihre Tasche bringen.

Je mehr Verbindlichkeiten Sie haben, desto mehr fixe monatliche Kosten fallen bei Ihnen an. Es gab einmal eine Zeit in meinem Leben, wo die Verbindlichkeiten so gross waren, dass sie sehr erdrückend wirkten und ich finanziell nicht weiterkam. Auf der einen Seite fuhr ich zwar ein teures Auto, musste mich dafür aber für mehrere Jahre verpflichten.

Es dauerte eine lange Zeit, bis ich eines begriff:

Verbindlichkeiten machen Sie arm!

Ich hatte zwar ein gutes Leben, da ich mir teure Sachen leistete, die ich mir auf Kredit anschaffte, merkte aber nicht, dass ich finanziell im Leben nicht weiter kam. Sobald mein Einkommen zu fliessen aufhören würde, hätte ich sehr schnell ein riesiges Problem gehabt.
Als ich in einem Buch auf zwei Fragen stiess, ging bei mir ein Licht auf. Bitte beantworten Sie diese Fragen doch auch einmal.

Wie viel Geld haben Sie im Laufe Ihres Lebens verdient?

_____

Und wie viel ist davon jetzt noch übrig?

_____

Das Resultat war echt schockierend. Wo war nur das ganze Geld geblieben? Mein erster Gedanke war, dass wenn ich weiterhin wie ein Student gelebt hätte, wäre ich heute wahrscheinlich schon Millionär.

Man braucht viel weniger, als dass man glaubt, um finanziell frei zu sein

Wie viel Geld pro Monat bräuchten Sie, um komfortabel, so wie heute, leben zu können?

Euro pro Monat _____

Wie hoch sind Ihre finanziellen Verbindlichkeiten pro Monat? (Autoraten, Kreditkarten, Abzahlungsverträge, etc.)

Euro pro Monat _____

Mal angenommen, Sie hätten keine Verbindlichkeiten mehr, wie hoch wären dann noch Ihre monatlichen Kosten? (Erste Zahl minus Verbindlichkeiten)

Euro pro Monat _____

Wollen Sie von den Zinsen Ihres Vermögens leben können? Multiplieren Sie diese Zahl mit 150. Es sollte möglich sein, dass Sie langfristig 8% Rendite auf Ihr Geld erzielen können. Um nun alleine von den Zinsen leben zu können, brauchen Sie

Total Euro _____

Beispielsweise: Sie würden komfortabel von 5000 Euro pro Monat leben können. Nachdem Sie sämtliche Verbindlichkeiten abgezogen haben, bleibt noch 3000 Euro übrig. Wenn Sie 3000 Euro x 150 nehmen, dann erhalten Sie 450'000 Euro. Dieser Betrag ist dann das Ziel.
Vielleicht ist Ihre Reaktion, so wie von vielen anderen auch, dass dies ja gar nicht so viel ist. Es war sicherlich auch meine. Wenn Sie sich aber niemals darüber bewusst werden, wie viel es tatsächlich ist und es konkret aufschreiben, dann träumen Sie weiterhin von Millionen, die Sie niemals haben werden. Nur, wenn Sie Klarheit haben, können Sie auch handeln.

Der Start

Am besten fangen Sie damit an, indem Sie Ihre Finanzen in den Griff kriegen. Das bedeutet, dass Sie zuerst einmal eine Aufstellung Ihrer aktuellen Ausgaben machen sollten. Alleine das Bewusstwerden darüber, wo das Geld eigentlich hinfliesst, ist der halbe Weg.

Total Ihrer Ausgaben _____
(vorher genaue Analyse machen)

Einkommen   _____

Sparpotenzial   _____

Warum Sparen wichtig ist

Lassen Sie mich eines klarstellen: Durch Sparen alleine werden Sie nicht reich, es sei denn, Sie sparen ein Leben lang. Ich kann mir vorstellen, dass Sie gerne einen schnelleren Weg beschreiten möchten.

Sparen hat aber einen ganz anderen Vorteil. Wenn Sie anfangen zu sparen, dann verändert sich Ihr Leben. Sie bauen sich damit mehr Sicherheit auf, da Sie im Falle eines Problems wissen, dass es Sie nicht umhauen wird. Mal angenommen, Sie sind unzufrieden mit Ihrem Job. Eigentlich möchten Sie eine Sache nicht einfach so hinnehmen und würden dann lieber die Arbeitsstelle verlassen, als unter diesen Umständen weitermachen zu müssen. Wenn Sie nun aber keine Ersparnisse haben und von Monatslohn zu Monatslohn leben, dann werden Sie nicht den Mut aufbringen, sich gegen etwas aufzustehen, da Sie sonst damit Ihre Existenzgrundlage gefährden würden.

Wissen Sie aber, dass Sie mindestens 6 Monate ohne Ihr Einkommen auskommen könnten, dann werden Sie für Ihre Sache viel eher einstehen. Sie würden dann viel mutiger mit dem Chef sprechen, da Sie im Hinterkopf wissen, dass Ihnen eigentlich nichts passieren kann. Sie werden also viel mehr Selbstvertrauen haben.

Ein zweiter Grund, warum Sie sparen sollten, ist die Möglichkeit, dass Sie eine Business-Idee finden werden, die Sie finanziell nach vorne katapultieren könnte. Wenn Sie dann kein Investitionskapital haben, besteht die Gefahr, dass Sie die Idee nicht ausführen können.

Auch wenn Sie wenn Sie heute noch nicht 10% Ihres Einkommens sparen können, dann fangen Sie mit 1% an und steigern es mit der Zeit auf 2%, 3%, 4%, etc. Eröffnen Sie heute noch ein zweites Bankkonto und fangen Sie an. Machen Sie mit sich eine Abmachung, dass Sie nie mit Sparen aufhören werden und dass Sie das Geld nur für effektive Business-Ideen brauchen dürfen.

Warum viele Menschen arm sind

Wenn Menschen Übergewicht haben, dann haben sie sich einfach noch nicht entschieden, fit und schlank zu sein. Das gleiche gilt für das Thema Finanzen.

Ein anderer Punkt ist die allgemeine Auffassung darüber, wie unser Konsumverhalten sein sollte. Die Medien und die Werbung machen uns glauben, dass wir nur dann erfolgreich sind, wenn wir ein bestimmtes Auto fahren oder ein bestimmtes Produkt kaufen. Wir werden tagtäglich mit hunderten von Kaufangeboten bombardiert und sich psychologisch unter Attacke. Befreien Sie sich von dem Druck und überlegen Sie, was Sie im Leben wirklich benötigen.

Konsumschulden

In Europa hat ein Haushalt durchschnittlich 20'000 Euro Konsumschulden. Es ist schon fast normal geworden, dass man sich Dinge auf Kredit anschafft.

Das Problem dabei ist nur, dass Sie finanziell niemals weiterkommen, wenn Sie sich ständig Konsumschulden aufbauen.

Schulden sind nicht ok – egal was die Werbung uns glauben machen will.

Schulden lassen Sie zum Sklaven werden. Oft wollen Menschen ihr Leben und Ihre Tätigkeit zwar ändern, sind aber nicht in der Lage, da die finanzielle Belastung zu gross ist. Lassen Sie das in Ihrem Leben niemals zu. Es gibt nichts frustrierenderes, als sich wie ein Gefangener des eigenen Lebensstils fühlen zu müssen.

Oft enstehen Schulden, da die Person nicht positiv auf das Schema „Schmerzen vermeiden und Lust gewinnen" reagiert. Es ist wesentlich schöner, etwas heute zu kaufen und den momentanen Lustgewinn zu haben, als die Schmerzen zu ertragen, dass man sich etwas nicht leisten kann.

Der Trick dabei ist, dass Sie Ihre Glaubenssätze überprüfen. Wenn Sie glauben, dass Sie heute auf etwas verzichten müssen und dass Ihnen das Schmerzen geben würde, dann sollten Sie sich bewusst machen, dass es andere Menschen gibt, die in der gleichen Situation eine Art Stolz entwickeln, da sie auf die gleiche Sache verzichtet haben.

Machen Sie für sich eine neue Definition von Schmerzen und Freude.

Lassen Sie mich dazu ein Beispiel geben: Es gibt Menschen, die bekommen fast körperliche Schmerzen, wenn Sie eine Krawatte tragen müssen, die nicht mindestens 50 Euro gekostet hat, aus Angst, der Wind könnte die Krawatte umdrehen und das billige Logo zeigen. Auf der anderen Seite gibt es Menschen, die fast körperliche Schmerzen bekommen würden, wenn Sie mehr als fünf Euro für eine Krawatte ausgeben müssten.

Wie Sie sehen, ist alles nur eine Frage der Glaubenssätze. Wenn Sie Glaubenssätze haben, die „teuer" sind, dann sollten Sie diese nochmals überdenken. Dies kann zum Beispiel das Thema Auto sein. Sind Sie wirklich nur dann glücklich, wenn Sie ein Auto fahren, das mindestens 50'000 Euro gekostet hat?

Onkel Visa und Tante Master Card

Statistiken zeigen, dass es 4x leichter ist, Geld mit einer Kreditkarte auszugeben, als dafür bar zu bezahlen. Irgendwie glauben die meisten, dass sie selbst nicht bezahlen, da das die Kreditkartenfirma ja übernimmt.

Alles, was geschieht, wenn Sie Kredit einsetzen, ist dass der Preis der Dinge, die Sie kaufen, in die Höhe geht. Dies führt dazu, dass sich Ihre finanzielle Situation verschlechtert.

Am besten zerschneiden Sie sämtliche Kreditkarten bis auf eine. Diese eine Karte tun Sie dann in eine leere Dose und füllen Sie mit Wasser auf. Danach tun Sie die Dose ins Eiskühlfach. Dadurch haben Sie immer eine Karte für Notfälle. Wenn Sie diese Karte wirklich mal brauchen wollen, dann müssen Sie zuerst die Aluminiumdose auftauen lassen, da Sie sie nicht in die Mikrowelle tun können. Vielleicht taut dann auch Ihr Kopf gleichzeitig auf.

Mythos über finanzielle Freiheit

Es gibt Regeln, um finanziell frei zu werden. Diese Regeln sind so stark und klar wie dies die Gravitation auf unser Leben ist.
Ein typischer Mythos ist zum Beispiel, dass Sie sich in Bezug auf Geld gleich wie alle andern verhalten können und trotzdem finanziell unabhängig werden.

Wenn Sie Dinge auf Kredit kaufen, monatliche Raten tätigen, versuchen jeden Monat ein paar Euro zur Seite zu legen und somit das tun, was alle tun, dann werden Sie sein, was alle sind: nämlich bankrott. 95% der Menschen sind im Alter vom Staat abhängig. Das ist im Prinzip fast jeder!

Die Realität sieht jedoch ganz anders aus: Sie müssen Ihre Strategie (wenn Sie überhaupt eine haben) ändern und etwas anderes als die Masse tun.

Wie man Schulden abbaut

Als erstes ist es wichtig, dass Sie verstehen, dass Sie nicht einfach so in Schulden hineingeraten sind, sondern dass Sie in Bezug auf Geld einfach falsche Glaubenssätze gehabt haben.
Denken Sie dann über die verschiedenen finanziellen Fehler nach, die Sie begangen haben. Was haben diese gemeinsam? Was können Sie von denen lernen? Genaue Analyse ist die halbe Heilung.

Als erstes sollten Sie eine genaue Aufstellung aller Ihrer Ausgaben machen. Wie viel Geld geht monatlich an Ihre Ratenzahlungen? Wie viel können Sie sparen?

Beispiel:

Einkommen	5000 Euro
Ausgaben	5000 Euro
Sparpotenzial	0 Euro
Verbindlichkeit 1	100 Euro (5000 Euro)
Verbindlichkeit 2	200 Euro (10'000 Euro)
Verbindlichkeit 3	300 Euro (15'000 Euro)
Verbindlichkeit 4	500 Euro (25'000 Euro)
Hypothek	1500 Euro (350'000 Euro)

Zahlen Sie zuerst die kleinste Schuld ab, indem Sie Mindestzahlungen bei den anderen Verbindlichkeiten machen und dann den vollen Rest für diese eine Schuld einsetzen. Mit dieser bewährten Methode werden Sie sehr motiviert sein, da Sie sehen, wie schnell sich eine Summe abbaut und schliesslich verschwindet.

Wenn Sie zum Beispiel Total 1500 Euro für Verbindlichkeiten ausgeben und anstelle von 100 Euro, 500 Euro für die erste Verbindlichkeit verwenden können, dann wird diese Schuld bereits in 10 Monaten abbezahlt sein. Andernfalls ginge es ca. 5 bis 6 Jahre.

Nachdem Sie den ersten Betrag abbezahlt haben, nehmen Sie den Betrag, den Sie für die erste Schuld verwendet haben und addieren Sie ihn zur Abzahlung der zweiten Schuld. Anstatt nur 200 Euro verwenden zu können, verwenden Sie nun 700 Euro (200 Euro + 500 Euro = 700 Euro) und bezahlen die zweite Schuld in 16 Monaten ab.

Insgesamt können Sie mit diesem System alle Ihre Schulden, inklusive Ihre Hypothek innerhalb von 5 bis 6 Jahren abbezahlen, ohne dass Sie mehr verdienen müssen.

Finden Sie zuerst heraus, wie viel Sie total für Abzahlungen verwenden können. In unserem Beispiel sind das 1500 Euro für Verbindlichkeiten und 1500 Euro für die Hypothek. Nach nur wenigen Jahren können Sie total schuldenfrei sein.

Nachdem Sie alles abbezahlt haben, verwenden Sie den gleichen Betrag, die 3000 Euro, und zahlen Sie diese auf ein Konto ein.

Wie viel Millionäre für Sachen ausgeben

Aus dem Buch „The millionaire next door" konnte ich folgende Statistiken über das Ausgabeverhalten und die Eigenheiten von mehrfachen Millionären entnehmen:

1. Die meisten Millionäre haben Ihr eigenes Unternehmen, auch wenn es nur ein kleines ist.
2. Das jährliche Durchschnittseinkommen beläuft sich auf $160'000.
3. Die meisten sind verheiratet und haben Kinder.
4. Die meisten leben nach einem monatlichen Budget.
5. Die meisten gaben niemals mehr als 29'000 Euro für ein Auto aus. In den meisten Fällen kaufen Sie ein 2 oder 3 Jahre altes Auto für ca. 10'000 bis 15'000 Euro.
6. 80% kaufen das Auto. Nur wenige leasen es.
7. Die meisten handeln vor allem in Aktien.
8. Die Hypothek des Hauses beträgt nicht mehr als Zweifache des jährlichen Haushaltseinkommens.
9. Der teuerste Betrag, den die meisten für einen Anzug in ihrem Leben ausgegeben haben, war $399.
10. Man erkennt die Millionäre meist nicht an den Kleidern. Der Schein trügt oft.

Investieren

Als ehemaliger Stockbroker aus Amerika kann ich Ihnen folgendes sagen: Alle kochen nur mit Wasser. Wenn Sie glauben, dass Sie übers Investieren, *den* Coup landen können, dann ist oft sehr viel Risiko involviert und die Gewinne werden meist auch schnell wieder verloren.

Glauben Sie keinem, der Ihnen weismachen will, dass man mit Investieren kurzfristig reich werden kann. Langfristig können Sie etwa mit 10 bis 20% Rendite rechnen und investieren Sie in nichts, das Sie nicht wirklich verstehen.

Das Einzige, das leicht in Bezug auf Geld ist, ist das Geld zu verlieren.

Finanzielle Resultate

Es gibt keinen schnellen Weg, um reich zu werden. Es gibt keine Belohnung, ohne dafür zu arbeiten. Der einzige Weg, um schneller reich zu werden, ist, wenn Sie zu Ihrer harten Arbeit eine Form von Hebelwirkung einsetzen.

Mehrere Einkommensströme kreieren

Finanzielle Freiheit bedeutet ein Leben Ihrer Wahl zu leben, ohne auf die Hilfe von jemand anderem angewiesen zu sein. Wenn Sie angestellt sind, dann sind Sie auf die Hilfe Ihres Arbeitgebers angewiesen.

Was bedeutet „Finanzielle Freiheit" für Sie?

Sind Sie bereit, die nötigen Veränderungen in Ihrem Leben vorzunehmen? Die Wahrheit ist, dass Sie ohne irgendwelche Veränderungen schon lange am Ziel wären.

Die Fähigkeit zu handeln ist dabei das Entscheidende. Eine positive Einstellung zu haben, genügt alleine leider nicht. Es gibt Menschen, die vor positiver Einstellung leuchten, aber trotzdem finanziell versagt haben. Was diesen Menschen fehlt, ist zusätzlich die Fähigkeit zu handeln.

Ein Business aufbauen

Wenn Sie vorhaben, ein eigenes Business zu starten, dann können Sie das sehr gut von zu Hause aus machen. Viele Menschen haben den Trugschluss im Kopf, dass dies nur möglich ist, wenn jemand viel Startkapital besitzt. Wenn Sie dies aber nicht haben, dann können Sie anstelle von Geld, Ihre Zeit (=Arbeit) investieren.

Ich habe eine Frage an Sie: Können Sie wirklich finanziell frei werden, indem Sie angestellt bleiben? Die Antwort ist ja. Sie können aber viel schneller finanziell frei werden und dabei viel mehr Geld verdienen, wenn Sie ein eigenes Unternehmen starten.

> *Sie müssen einen Weg finden, Geld zu verdienen,*
> *während Sie schlafen.*
> *Sonst werden Sie nie reich.*

Ein Freund von mir teilte mir folgendes mit:
Ich habe nur mit einem Personal Computer angefangen. Die monatlichen Kosten waren vergleichbar mit dem Münz (Kleingeld), das ich in der Tasche trug.

Ich behielt meinen Job so lange, bis ich nebenbei genügend Geld verdiente, um mir vorstellen zu können, dass ich mit etwas mehr Effort, mindestens gleichviel wie heute verdienen könnte. Ich entnahm aus dem Business während meines Jobs kein Geld, da sonst die Gefahr bestanden hätte, dass das Business sterben würde.

Im Prinzip ist es ganz einfach. Sie müssen nur ein Produkt entwickeln und es dann verkaufen.

Jedes Einkommen entsteht durch den Verkauf von Produkten an Endbenutzer.

Sie müssen Unternehmer werden. Sie können Ihren Job immer noch behalten, aber Sie sollten sofort damit anfangen, zusätzliche Einkommensströme zu kreieren.

Einkommen automatisieren

Viele Menschen träumen davon, viel Geld zu besitzen und von den Zinsen leben zu können. Wenn Sie es schaffen, ein Unternehmen aufzubauen und ein passives Einkommen von 50'000 Euro zu erschaffen, dann ist das gleich viel wert, wie wenn Sie eine Million auf dem Konto zu 5% Verzinsung haben!
Sie brauchen also nicht unbedingt Millionär sein, sondern sollten versuchen, einen Weg zu finden, das Einkommen zu erschaffen.

Monatliches Budget

Wenn Sie sich die Liste mit den Eigenschaften der Millionäre angeschaut haben, dann konnten Sie lesen, dass diese von einem monatlichen Budget leben. Vielleicht wenden Sie jetzt ein, dass Ihnen dies zu langweilig ist oder Sie keine Lust dazu haben. Aber wenn diese Eigenschaft bei praktisch allen Millionären vorhanden ist, dann sollten Sie dies ernst nehmen.

Sie sollten sich angewöhnen, mit 65% Ihres Lohnes auszukommen. Falls Sie dies nicht können, dann ist Ihr Lebensstandart wahrscheinlich zu hoch. Den Rest können Sie folgendermassen verteilen:

10% aktives Kapital (kurz bis mittelfristig investieren)
10% passives Kapital (langfristig investieren)
10% Spenden (etwas für andere tun)
 5% des Geldes ausgeben, für Dinge, die Sie ausgeben wollen (Spass-Fonds)
Geheime Reserve in einem Safe: 20'000 Euro

Wenn es ums Spenden geht, dann können Sie anstelle von Geld auch Zeit einsetzen. Unterstützen Sie etwas, das Ihnen am Herzen liegt. Es ist unglaublich, was Spenden für einen Einfluss auf Ihren Charakter und Ihren inneren Geist hat.

Der Grund, warum Sie 5% Ihres Geldes für schöne Dinge ausgeben sollten, ist weil sonst Ihr Gehirn/Unterbewusstsein irgendwann nicht mehr Freude mit Geldverdienen verbinden wird und dann aufhört, Geld zu machen.

Noch ein Wort zu Bargeld. Die meisten Millionäre haben immer sehr viel Bargeld bei sich im Poretmonnaie. Das Gefühl, immer Geld zu haben, spielt eine sehr wichtige Rolle, da es Ihr Unterbewusstsein programmiert.

2000 Euro im Portemonnaie fühlen sich besser an,
als 2000 Euro auf dem Konto zu haben.

Ihre eigene Zeit zu verkaufen, wird Sie nie reich machen

Mal angenommen Sie arbeiten 8 Stunden pro Tag und verdienen 20 Euro pro Stunde. Somit verdienen Sie also 160 Euro pro Tag. Wenn Sie nun mehr verdienen wollen, dann können Sie auch 10, 12 oder sogar 15 Stunden arbeiten. Aber die Zeit, die Sie einsetzen können, ist irgendwo limitiert.

Mal angenommen Sie stellen weniger fähige Menschen für die gleiche Arbeit für 10 Euro ein und verkaufen deren Zeit für 20 Euro, dann haben Sie die nötige Hebelwirkung, um mehr Geld zu verdienen.

Mal angenommen Sie stellen 5 Mitarbeiter ein. Dann verdienen Sie während 8 Stunden nicht nur 160 Euro, sondern 400 Euro, ohne, dass Sie die effektive Arbeit erledigen müssen. Ihr Job besteht darin, den Deal zu arrangieren. Machen Sie dies oft genug und Sie werden viel schneller an Ihr Ziel kommen.

Wenn Sie erfolgreiche Unternehmer genauer betrachten, dann werden Sie feststellen, dass es nicht nur deren geniale Idee war, die dazu geführt hat, dass das Unternehmen erfolgreich wurde. Es brauchte auch eine Vielzahl von Mitarbeitern, die diese Idee unterstützt haben und für das Unternehmen für einen Lohn gearbeitet haben.

Wenn Sie erfolgreicher Unternehmer werden wollen,
dann können Sie das nicht alleine schaffen.
Sie brauchen Mitarbeiter!

Das System muss von Ihnen kommen

Oft werben Firmen damit, dass sie Ihnen eine Möglichkeit anbieten, ein Business System durch sie aufzubauen. Ich würde diese Angebote immer sehr genau überprüfen, denn oft arbeiten Sie dann für eine kleinere Marge und mit den Spielregeln anderer.
Das Gleiche gilt, wenn Sie eine Franchise kaufen: Sie kaufen sich selbst nur einen Job und kein System.
Nur wenn das System oder die Quelle von Ihnen kommt, dann haben Sie eine genügende Marge und sind frei von der Willkür anderer.

Ihr Weg zum Reichtum

Menschen geben 10 Stunden pro Tag für Ihren Vollzeitjob weg. 9 Stunden für die Arbeit und je eine halbe Stunde für den Arbeitsweg.
Wie kann jemand, der einen vollen Terminkalender hat, ohne Freizeit, eine Million kreieren oder reich werden? Das geht gar nicht. Was braucht es wirklich? Zeit.
Zuerst geht es also darum, finanzielle Freiheit zu kreieren und dann haben Sie die Zeit, um wirklich Reichtum aufzubauen. Sie müssen dann nicht mehr Ihre Arbeitskraft einsetzen, wenn Sie finanziell frei sind.

Der erste Schritt besteht also darin, Ihr Einkommen zu automatisieren, damit Sie Zeit haben, sich auf Reichtum zu konzentrieren.

Finanzielle Planung

Sie sollten Ihre Unternehmensaktivitäten planen. Wenn Sie zum Beispiel 8000 Euro in einem Monat verdienen wollen, dann müssen Sie während 20 Tagen mindestens 400 Euro verdienen.

Wenn Sie zwei Einkommensströme haben, dann bedeutet das, dass Sie je 200 Euro pro Einkommensstrom erzielen müssen. Je mehr Sie Ihre Tätigkeiten in Zahlen, die zu erreichen sind runterbrechen, desto mehr Klarheit werden Sie darüber haben, was genau getan werden muss.

Klein beginnen, gross aufhören

Als erstes müssen Sie die Fähigkeit entwickeln, Geld aus Luft zu erfinden. Wie können Sie mit dem, was Sie heute bereits haben, Geld erfinden? Denken Sie darüber nach. Es geht in erster Linie nur einmal darum, 200 Euro zu erfinden.

Idee _____

Wie wäre es mit Aktien verkaufen?

Wenn Sie Ihr Unternehmen langfristig anschauen, dann könnte eines Ihrer Ziele sein, das Unternehmen eines Tages an die Börse zu bringen. Aus diesem Grunde ist es bereits am Anfang wichtig, dass Sie den entscheidenen Grundstein dafür legen.

Mal angenommen Sie gründen eine Firma (zum Beispiel eine US Corporation) mit einem Startkapital von $15'000. Sie erhalten dann 15 Millionen Aktien zu je $0.001. Sie möchten gerne expandieren und suchen neue Investoren. Diesen können Sie dann die Aktien zu $0.25 anbieten. Zusätzlich können Sie gewissen Investoren oder Freunden Optionen anbieten, falls das Unternehmen an die Börse gehen sollte, die bei $0.30 ausgeführt werden können.
Mal angenommen Sie können 4 Millionen Aktien verkaufen, dann haben Sie $1 Million an Kapital angeschafft. Dies ist eine gute Möglichkeit, um Ihr Unternehmen auf die nächste Ebene zu bringen.

Sollte das Unternehmen wirklich an die Börse kommen, dann kann es sein, dass Ihre Aktien für mehrere Dollar gehandelt werden und Sie haben es geschafft.

Setzen Sie sich das Ziel, Millionär zu werden

Es ist nicht wichtig, dass Sie eine Million haben, sondern dass Sie die Person geworden sind, die eine Million erreicht hat.
Dabei ist es wichtig, dass Sie schonungslos ehrlich mit sich selbst sind. Agieren Sie nach dem Realitätsprinzip, indem Sie sich nichts vormachen oder hoffen, dass Sie durch einen Zufall Millionär werden.

Fragen Sie sich, woran Sie Ihren ungenügenden finanziellen Mittel hindern. Was können Sie nicht tun oder erreichen, weil Ihnen das nötige Geld fehlt?

Antwort _____

Sie helfen den armen Menschen nicht, in dem Sie einer von ihnen werden. Nur, wenn Sie finanziell stark sind, haben Sie die Möglichkeit, anderen zu helfen. Machen Sie Finanzen zu einer unterstützenden Kraft in Ihrem Leben.

Auf der Seite www.noeme.org finden Sie weitere Ideen, die Sie inspirieren werden, Ihre finanziellen Ziele zu erreichen.

Finanzielle Freiheit: Das Wichtigste im Überblick

- Sie sind dann finanziell frei, wenn Ihr passives Einkommen, Ihre monatlichen Kosten deckt.
- Verbindlichkeiten loswerden, Einkommen automatisieren, Vermögen aufbauen
- Verbindlichkeiten machen Sie arm.
- Schulden sind nicht ok – egal was die Werbung uns glauben machen will.
- Überprüfen Sie Ihre Glaubenssätze bezüglich Geld.
- Statistiken zeigen, dass es 4x leichter ist, Geld mit einer Kreditkarte auszugeben, als dafür bar zu bezahlen.
- Sie müssen Ihre Strategie ändern und etwas anderes, als die Masse tun.
- Jedes Einkommen kommt durch den Verkauf von Produkten an Endbenutzer.
- Sie sollten sich angewöhnen, mit 65% Ihres Lohnes auszukommen.
- Ihre eigene Zeit zu verkaufen, wird Sie nie reich machen.
- Als erstes müssen Sie die Fähigkeit entwickeln, Geld aus Luft zu erfinden.

Die Vermarktung Ihrer Idee

Ideen und Kreativität

In Wahrheit ist Kreativität lediglich nur harte Arbeit.

Wenn Sie keine Idee haben, was Sie tun sollen, dann machen Sie sich keine Sorgen. Im Prinzip ist eine gute Idee alles, was Sie brauchen, um erfolgreich zu sein.
Auf der anderen Seite fehlt vielen einfach nur die Übung, um kreativ zu sein. Die Angst davor, was andere von unseren Ideen halten könnten, hat dazu geführt, dass wir viel zu selbstkritisch mit uns umgehen. Oft führen aber genau die verrückten oder weitergeholten Ideen zu einer sinnvollen und profitablen Lösung. Seien Sie deshalb immer offen und lassen Sie Ihren Gedanken freien Fluss.

Um Ideen zu produzieren, verwende ich oft folgende Übung: Sagen wir, Sie haben ein Problem oder eine Frage haben, auf die Sie keine Antwort wissen. Nehmen Sie ein leeres Blatt und schreiben Sie die Frage zuoberst auf die Seite. Nummerieren Sie 20 Punkte von 1 bis 20. Schreiben Sie nun 20 Antworten auf und versuchen Sie, nicht zu werten. Schreiben Sie einfach auf, was Ihnen in den Sinn kommt, auch wenn es noch so verrückt klingt. Das Entscheidende an der Übung ist, dass Sie auch wirklich 20 verschiedene Antworten aufschreiben. Am Kreativsten werden Sie nämlich, wenn Sie die letzten 3 Antworten finden müssen. Diese können dann aber die entscheidende Antwort enthalten und Ihnen zum Durchbruch verhelfen. Vielleicht stellen Sie auch fest, dass Sie zwei oder drei Antworten miteinander kombinieren können und somit zur Lösung kommen.

An dieser Stelle möchte ich Sie bitten, diese Übung gleich einmal zu machen. Die Frage lautet:

Womit könnte ich ein eigenes Unternehmen gründen und _____ _____ Euro pro Jahr verdienen?

1. _____

2. _____

3. _____

4. _____

5. _____

6. _____

7. _____

8. _____

9. _____

10. _____

11. _____

12. _____

13. _____

14. _____

15. _____

16. _____

17. _____

18._____

19._____

20._____

Verkaufen

Oft wird das Verkaufen von vielen verkannt. Die Wahrheit ist jedoch, dass eigentlich jeder ein Verkäufer ist. Auch wenn Sie nicht direkt den Beruf des Verkäufers haben, so müssen Sie doch entweder sich oder Ihre Ideen an Ihren Boss verkaufen. Egal, in welchem Bereich Sie tätig sind;

Lernen Sie alles über das Thema verkaufen.

Es gibt viele erfolgreiche Geschäftsleute, die angefangen haben, Dinge am Flohmarkt zu kaufen und zu verkaufen. Dadurch lernten sie, wie sie verhandeln und worauf sie achten mussten.
Beispielsweise finde ich es eine tolle Idee, wenn jemand, der keine Erfahrung im Bereich des Verkaufens hat, sich einer Multi-Level-Marketing- oder Verkaufsorganisation anschliesst.
Diese Organisationen bieten exzellente Möglichkeiten, die wichtigsten Business-Fähigkeiten zu erlernen. Dazu gehören das Verkaufen, das Überzeugen, die Organisation, das Präsentieren, die Buchhaltung, die Teambildung, das Verhandeln und das Kommunizieren. 85% dieser Fähigkeiten brauchen Sie in jedem Business.

Eine Person hat vielleicht noch nie etwas in ihrem Leben verkauft. Wenn diese Person dann den ersten Verkauf macht, dann sagt sie sich: „Meine Güte, wenn ich dies einmal geschafft habe, dann kann ich es auch ein zweites Mal tun." Sobald diese Person zum zehnten Mal etwas verkauft hat, beginnt sie zu glauben, dass dies eine neue Karriere für sie sein könnte und malt sich aus, wie sie durchs Verkaufen zum Führer in ihrem Gebiet werden könnte.

Machen Sie sich bewusst, dass die Grundlage von jedem Geschäft kaufen und verkaufen ist.

Schauen Sie sich nach Möglichkeiten um, wie Sie Dinge kaufen und verkaufen können. Testen Sie einige Dinge selbst, indem Sie zum Beispiel ein Produkt nehmen und damit von Tür zu Tür gehen. Dies wird anfangs ein Bisschen Mut erfordern. Es wird Ihnen jedoch viele unbezahlbare Lektionen zurückgeben. Sie werden merken, dass Sie nach 20 Mal anklopfen, die Angst verloren haben. Falls Sie erfolgreich sind, dann werden Sie mit Stolz feststellen, dass die Möglichkeiten unlimitiert sind. Alles, was Sie tun müssen ist, ein Produkt zu finden und es dann auf verschiedenen Wegen zu verkaufen. Manchmal ist dies viel einfacher, als Sie glauben.

Potentielle Kunden

Gehen Sie an einen öffentlichen Ort wie zum Beispiel in ein grosses Einkaufszentrum oder an ein Konzert. Betrachten Sie die Masse der Menschen und überlegen Sie, welche Auswirkungen es auf Ihren Erfolg haben könnte, wenn nur jeder 10. bei Ihnen Kunde wäre. Die wichtigste Frage im Marketing ist die Frage, wer Ihr Kunde ist. Es ist absolut notwendig, dass Sie herausfinden, welche Zielgruppe Sie ansteuern möchten.

Nur so können Sie gezielt die Leute ansprechen, die grundlegend ein Interesse an Ihrem Thema haben. Ich machte zum Beispiel mal einen Test mit Flyern, die ich in die Briefkästen in meiner Umgebung tat. Ich dachte, dass sicher jeder an meinem Finanzseminar Interesse hätte. Ich machte dabei den Fehler, dass ich annahm, dass jeder mein Kunde sein würde und sofort 250 Euro für das Semi-

nar ausgeben würde. Obwohl ich 200 Personen hatte, die meine Webseite anschauten, so meldete sich doch kein Einziger für das Seminar an.
Was hatte ich falsch gemacht? Ich hatte doch 2000 Flyer verteilt. Da hätte sich doch mindestens 20 Personen (oder 1%) anmelden müssen. Was ich dabei lernte, war folgendes:

1. Wenn die Zielgruppe kein Interesse an meinem Produkt hat, dann hätte ich auch 50'000 Flyer verteilen können und hätte keine Anmeldung bekommen. Es ging also in erster Linie darum, Leute zu finden, die grundsätzlich Interesse an meinem Thema haben. Die Quote wird dann dementsprechend besser sein.
2. Ich versuchte, mit meinem 250 Euro Produkt, den Kunden sofort zu gewinnen. Das funktioniert so natürlich nicht. Der Kunde will ja nicht die Katze im Sack kaufen, da er mich und mein Programm überhaupt nicht kennt. Zudem haben Kunden davor Angst, als dumm vor Ihren Freunden dazustehen, falls sich das Seminar als Fehlinvestition herausstellen sollte. Ich brauchte also zuerst ein billigeres Produkt für zum Beispiel 20 Euro, mit dem der Kunde seine ersten Erfahrungen machen konnte und finanziell kein Risiko darstellte. Besser wäre es gewesen, ein Gratis-Produkt dem Kunden zu geben. Somit würde sich klar herausstellen, wer grundsätzlich Interesse an dem Thema hätte, aber vielleicht noch nicht bereit ist, zu kaufen. Mein Fokus hätte also sein sollen, die Adresse und die Email Adresse des Kunden zu bekommen, so dass ich ihm danach regelmässig mein Produkt anbieten konnte.
3. Zuerst etwas geben, das einen Wert hat. Dann werden die Kunden den Gefallen retournieren. Sie müssen immer zuerst etwas geben, bevor Sie etwas zurück erwarten können.
4. Unglaubwürdig: meine Versprechungen waren einfach unglaubwürdig. Ich wollte ja eigentlich die Kunden dazu motivieren und verlocken, mein Produkt zu kaufen. Da ich aber zu viel versprach, wirkte es unglaubwürdig und keiner schenkte mir das Vertrauen.

Generell gesehen, habe ich viele Grundsätze der menschlichen Psychologie bei meinem Marketingversuch nicht beachtet. Ohne diese Grundlage ist überhaupt kein Verkauf möglich.

Quotenrechnung

Wenn es um finanziellen Erfolg geht, dann sollten Sie sich darüber klar werden, dass alles nur ein Nummernspiel ist. Im Prinzip gibt es folgende Regel:

Alles basiert auf einer Quotenrechnung. Je mehr Leute in Kontakt mit Ihren Produkten kommen, desto mehr Umsatz werden Sie haben.

Wenn Sie zum Beispiel 10'000 Briefe rausschicken, dann gibt es auch dort eine Rücklaufquote. Beim Direct-Mail ist diese Quote ca. 2%. Bei 10'000 Briefen erhalten Sie Bestellungen von 200 Kunden. Je nachdem ob Sie eine bessere Zielgruppe oder eine bessere Kampagne haben, desto besser werden Ihre Zahlen ausfallen. Wenn Sie die richtige Zielgruppe haben, dann kann Ihre Quote sogar 35% sein.

In Bezug auf einen Verkäufer bedeutet Quotenrechnung, dass er mehr Umsatz erzielen wird, wenn er mehr Kunden besucht. Auch wenn er einige Kunden haben wird, die sein Produkt nicht kaufen wollen, dann wird er doch durch das Gesetz der Wahrscheinlichkeit Kunden antreffen, bei denen er erfolgreich sein wird. Es ist alles nur eine Frage der Zahlen.

Wenn Sie 300'000 Euro pro Jahr verdienen wollen, dann müssen Sie diese Zahl runterbrechen. Pro Monat müssen Sie also mindestens 25'000 Euro verdienen. Wenn Sie an 25 Tagen des Monats verkaufen können, dann bedeutet das, dass Sie täglich mindestens 1000 Euro verdienen müssen. Wenn Ihr Produkt 500 Euro kostet, dann müs-

sen Sie sich also darauf konzentrieren, täglich zwei neue Kunden zu gewinnen.
Wenn Ihre Abschlussquote bei 50% liegt, dann müssen Sie also mit vier Kunden pro Tag sprechen. Um vier Kundentermine zu vereinbaren, müssen Sie zwölf Telefonate machen.

Im Prinzip ist Erfolg so gesehen sehr einfach. Alles, worauf Sie sich konzentrieren müssen, ist sicherzustellen, dass Sie zwölf Telefonate täglich machen. Sie brauchen nur die Disziplin, um dies durchzuhalten.

Es ist wichtig, dass Sie Ihr Unternehmen immer in Zahlen anschauen. Im Prinzip gibt es drei Möglichkeiten, Ihren Umsatz zu erhöhen:

1. Durchschnittlicher Verkauf erhöhen
2. Kundenanzahl erhöhen
3. Anzahl Transaktionen pro Jahr erhöhen

Mal angenommen, Ihr durchschnittlicher Verkauf ist 100 Euro. Sie haben 1000 Kunden, die zwei Mal pro Jahr bei Ihnen einkaufen. Dadurch haben Sie einen Jahresumsatz von 200'000 Euro. Oft wird von vielen nur die einzige Möglichkeit in Betrag gezogen, den Gewinn zu steigern, indem die Anzahl Kunden erhöht wird. Dies ist aber nicht alles. Sie können auch versuchen, den durchschnittlichen Verkauf zu erhöhen, indem Sie Ihrem Angebot einen weiteren attraktiven Bonus hinzufügen. Dies könnte den Gesamtbetrag, den jemand ausgibt, dann zum Beispiel auf 130 Euro erhöhen.
Wenn es Ihnen nun durch eine Mailingaktion auch noch gelingt, dass Ihre Kunden einmal mehr, also drei Mal pro Jahr ins Geschäft kommen, dann erhöht sich Ihr Gesamtumsatz auf Total 390'000 Euro. Wie Sie sehen können, ist alles nur eine Frage der Zahlen und was Sie damit machen.

Gerade weil es um Quotenrechnung geht, ist es so wichtig, dass Sie ein System haben, wo Leverage (Hebelwirkung) eingesetzt wird.

Durch die Hebelwirkung erreichen Sie, dass mehr Leute in Kontakt mit Ihren Produkten kommen und die Wahrscheinlichkeit grösser ist, dass Sie mehr verkaufen.

Marketing

Das Thema Marketing ist ein zentrales Business Thema, das über Ihren Erfolg entscheidet. Marketing umfasst alles, was Ihren Geschäft dazu verhilft, Kunden-Nutzen zu stiften und dadurch Umsatz zu erzielen. Dies können Werbung sein, Mailings, Verkaufsstrategien, Internet-Newsletter, etc. Es ist wichtig, dass Sie folgendes erkennen:

Werden Sie ein Marketing-Profi.
Ihre Firma ist keine ... Firma – sie ist eine Marketing Firma.

Einer der wichtigsten Punkte ist das Kopieren von erfolgreichen Strategien. Wenn Sie das tun, was andere erfolgreich macht, werden Sie die gleichen Resultate erzielen. Sie brauchen nicht zuerst selber auf die Nase fallen.
Beim Marketing geht es darum, das menschliche Verhalten zu verstehen und psychologisch klug ein oder mehrere Grundkenntnisse anzubieten. Diese Grundbedürfnisse sind Liebe, Schönheit, Beziehungen, Geld und Anerkennung.

Es gibt viele Möglichkeiten, Strategien einzusetzen. Nur Ihrer Phantasie sind die Grenzen gesetzt. Um aber einen Anfang machen zu können, möchte ich Sie in diesem Kapitel mit verschiedenen Grundprinzipien vertraut machen.

Viele Marketingmethoden, die früher einmal funktioniert haben, sind heute nicht mehr effizient. Da wir täglich durch die Medien mit hunderten von Verkaufsangeboten bombardiert werden, sind

wir sehr empfindlich, wenn uns jemand etwas verkaufen will. Hunderte von nicht adressierten Werbeangeboten landen einfach nur im Abfalleimer. Viele Leute werden wütend, wenn Sie zu viele ungewollte Verkaufsbriefe oder Emails erhalten.
Deswegen müssen Sie heute, um erfolgreich zu sein, diese Dinge als zentralen Punkt erkennen. Persönlicher Kontakt und die Frequenz, mit der ein Kunde mit Ihrem Angebot konfrontiert werden muss, ist entscheidend für gute Verkaufszahlen.

Ein anderer Faktor ist ein erster, unbedrohlicher Kontakt: Manche Leute wollen nicht mit einem Verkäufer sprechen und haben Angst davor, dass Sie zu etwas überredet werden und nicht nein sagen können. Bieten Sie Ihren potenziellen Kunden, die Möglichkeit, Informationen über Ihr Produkt zu bekommen, ohne dass sie mit jemandem reden müssen. Dies wird die Anzahl der Interessenten erhöhen. Sie können zum Beispiel eine Tonbandaufnahme beim Telefon verwenden, Ihre Internetadresse bekannt geben oder einen Fax auf Anfrage zurückschicken.

Test Marketing

Um herauszufinden, wie Sie am besten Ihr Produkt verkaufen, müssen Sie es zuerst testen. Testen Sie alles! Versuchen Sie verschiedene Dinge, die wenig Geld kosten und lernen Sie aus den Fehlern.

Wie testet man ein Produkt oder einen Service? Wie finden Sie heraus, ob die Leute es überhaupt kaufen? Machen Sie zuerst einmal ein Prototyp von Ihrem Produkt.
Wenn Sie es herstellen müssen, dann kreieren Sie nur mal ein Exemplar, damit Sie es zeigen, fotografieren oder die Funktionalität demonstrieren können. Sprechen Sie mit vielen verschiedenen Leuten und holen Sie sich deren Meinungen ein.

Erst, wenn Sie das Gefühl haben, dass es sich verkaufen könnte, sollten Sie Geld investieren. Vielleicht haben Sie ja durch die Erfahrung noch einige Änderungen, die Sie vornehmen möchten.

Das Gleiche gilt für Ihre Verkaufsmethoden. Versuchen Sie zuerst einmal verschiedene billige Wege, um Ihr Produkt zu verkaufen. Nehmen Sie dann die neu gewonnenen Erfahrungen und kreieren Sie Ihre Strategie.

Es ist in Ordnung, wenn Sie viele Fehler machen. Nur so finden Sie heraus, was wirklich funktioniert und was nicht. Nehmen Sie niemals etwas einfach so an.

10 Günstige Marketingideen

Wie können Sie Ihr Produkt vermarkten? Natürlich können Sie ein riesiges Inserat in einer Zeitung schalten und dabei viel Geld ausgeben. Wenn Sie aber noch nicht über das nötige Kapital verfügen, dann geht das auch anders:

1. Ein kleines Inserat in der Lokalzeitung für 30 Euro schalten.
2. 500 Blätter kopieren und in Briefkästen verteilen.
3. Von Tür zu Tür gehen und Informationen abgeben.
4. Auf einer belebten Strasse stehen und mit Leuten über Ihr Produkt sprechen.
5. Kaltakquise am Telefon.
6. 10 – 20 Empfehlungen von Freunden auf neue Kunden sammeln, diese telefonisch, per Brief oder per Email kontaktieren.
7. 200 Email Adressen von Freunden und Bekannten sammeln und dann eine Gratisinformation per Email versenden.
8. Andere Firmen anfragen, ob Ihr Angebot aufgelegt oder mitgeschickt werden darf.
9. Poster im A3 Format kopieren und in der Stadt aufhängen.

10 90 minütige Gratispräsentation geben und Teilnehmer auf Produkt aufmerksam machen. Wichtig: Informationen präsentieren, die einen Wert für den Kunden darstellen.

Egal, welche Wege Sie versuchen, setzen Sie nicht nur ein oder zwei Wege, sondern setzen Sie alle Möglichkeiten ein.

Perceived Value

Was bedeutet „perceived value"? Perceived Value bedeutet „individuell betrachteter Wert. Eine Information, die an sich nichts kostet, kann für jemand anderen sehr viel wert sein. Der Wert des Produktes liegt in der Sichtweise des Kunden.
Lassen Sie mich dazu ein Beispiel geben: Mal angenommen Sie haben das Wissen, wie jemand eine bessere Immobilienfinanzierung bekommt. Dieses Wissen verpacken Sie in ein Videoprogramm, das Sie für 300 Euro anbieten. Ihr Kunde bezahlt diesen Preis gerne, da er durch Ihr Wissen mehrere tausend Euro sparen kann.

Wie viel effektiven Wert hat nun aber Ihr Produkt? Die Produktion von den Videos kostet Sie 20 Euro und die paar kopierten Unterlagen kosten Sie nur fünf Euro pro Person.
Wie kommen Sie nun dazu, das Seminar total „überteuert" für 300 Euro anzubieten?

Der Wert des Produktes sind nicht die Produktionskosten, sondern der Wert, den Ihr Kunde aus diesem Wissen ziehen kann. Die Produktionskosten und der Preis stehen nicht im direkten Zusammenhang. Der Preis kann ruhig (scheinbar) überteuert sein, wenn Menschen bereit sind, dafür zu bezahlen. Die Frage ist eigentlich nur, wie viel Ihr Kunde bereit ist, dafür auszugeben und welchen Nutzen er davon hat.

Wenn Sie ein Produkt oder einen Service produzieren, dann stellen Sie immer sicher, dass der Wert in den Augen der Kunden immer wesentlich mehr darstellt, als der Preis.
Das können Sie erreichen, indem Sie Ihrem Angebot zum Beispiel eine weitere Informationsbroschüre, einen gratis Email Service oder eine Video CD mit zusätzlichen Informationen beifügen. Ihr Produkt scheint dann mehr wert zu sein. Im Prinzip kosten Sie diese Informationen praktisch gesehen aber nichts.

Spezialwissen (Experten)

Gehen Sie lieber zu einem Allgemeinpraktiker, wenn Sie eine Gehirnoperation machen müssen oder bevorzugen Sie einen Gehirnspezialisten, der zwei Operationen täglich macht?
Wenn Sie ein Produkt anbieten, dann müssen Sie sich als Experte in einem Gebiet ausgeben, beziehungsweise sein. Keiner will mit jemandem Geschäfte machen, der ein Spezialist auf fünf ganz verschiedenen Gebieten ist. Das ist schlichtweg nicht glaubwürdig.

Vielleicht wenden Sie ein, dass Sie dann aber nur einen kleinen Marktanteil abdecken würden und somit viele Kunden nicht gewinnen könnten. Die Wahrheit sieht jedoch anders aus: Als Experte können Sie mehr Geld verlangen und werden viel mehr an Bekanntheit gewinnen, was Ihnen wiederum neue Kunden bringt.

Im Prinzip brauchen Sie doch nur 100 Kunden pro Jahr, die 1000 Euro bei Ihnen ausgeben, um davon leben zu können. Wenn Sie den deutschsprachigen Raum betrachten, dann sollten Sie sich vor Augen führen, dass es in Deutschland, der Schweiz und in Österreich über 100 Millionen Menschen gibt. Sie brauchen davon nur 0.000001% pro Jahr. Wenn Sie noch in Betracht ziehen, dass weltweit über 200 Millionen deutsch sprechen, dann wird diese Quote sogar noch niedriger.

Ein Angebot, dass nicht abgelehnt werden kann.

Ihr Angebot sollten Sie so gestalten, dass sich jeder sagt, dass er ja blöd wäre, wenn er davon nicht profitieren würde. Wie könnten Sie Ihr Angebot gestalten, dass es diese Gedanken in Ihrem Kunden auslöst?

Ein Hotel Manager in Las Vegas bietet zum Beispiel ein Wochenende für zwei Personen für $300 an, bei dem die Kunden jedoch gleichzeitig $500 Dollar Spielgeld bekommen. Dies ist wahrhaftig ein Superangebot. Der Hotel Manager weiss aber auch, dass die Besucher ebenfalls im Hotelrestaurant essen, das Spiel-Geld und eventuell oder sogar fast sicher auch noch mehr verlieren und wahrscheinlich wiederkommen werden. Die Rechnung geht für den Hotel-Manager auf.

Manchmal können Sie auch ein Produkt unter dem Produktionswert anbieten, um so Kunden zu gewinnen, die dann mehrmals bei Ihnen kaufen. Mal angenommen, Sie haben einen Heizungsservice und bieten eine Generalüberholung für 19 Euro an. Dieses Angebot ist so billig, dass es viele anlocken wird. Nach dem Termin kann der Heizungstechniker zum Beispiel noch einen regelmässigen Wartungsvertrag für 150 Euro im Jahr anbieten. Obwohl beim ersten Geschäft kein Gewinn gemacht wurde, wird mit dem zweiten Geschäft der eigentliche Gewinn erzielt.

Das Risiko einer Transaktion ausschalten:
Rücknahmegarantie

Kunden haben Angst davor, eine falsche Entscheidung getroffen zu haben und nachher bei ihren Freunden schlecht dazustehen. Die Angst ist so gross, dass es oft den entscheidenden Faktor ausmacht, ob ein Kunde kauft oder nicht.

Bieten Sie deshalb immer eine 100% Rücknahmegarantie an. Diese kann 30, 60, 90 oder 365 Tage sein. Machen Sie dies, ohne irgendwelche Haken.

Vielleicht wenden Sie nun ein, dass dann die meisten Ihr Produkt zwar kaufen würden, aber innerhalb der Frist wieder zurückbringen würden und Sie somit nur Verlust machen würden.
Wenn Ihr Produkt qualitativ gut ist, dann ist diese Besorgnis unbegründet. Statistiken haben gezeigt, dass nie mehr als fünf Prozent von dieser Vorgehensweise Gebrauch machen. Im Vergleich dazu erhalten Sie aber eine Vielzahl von Kunden, die Sie sonst nicht gewonnen hätten.

Weitere Methoden

1. Setzen Sie ein formales Empfehlungssystem ein: Fragen Sie gezielt nach Empfehlungen von Kunden. Es gibt viele Vertriebe, die nur nach diesem Prinzip arbeiten.
2. Dem Anruf einen Brief vorausschicken: Erhöht die Quote am Telefon um 1000%
3. Versuchen Sie den Profit nicht am Anfang zu machen: Bieten Sie dem Kunden zuerst ein attraktives, preisgünstiges Produkt an und machen Sie Ihren Profit mit einem teueren Produkt im zweiten oder dritten Schritt. Sie könnten zum Beispiel ein preisgünstiges Einführungsbuch für 19 Euro verkaufen und dann einen Kurs für 600 Euro anbieten.
4. Verkaufsbriefe: Lange Verkaufsbriefe funktionieren besser als kurze Briefe. Die besten Quoten haben Briefe, die 10 bis 20 Seiten lang sind.
5. Kein Hochdruckverkauf: Wenn Sie den Kunden zuerst einen persönlichen Brief schicken, werden Sie die Kunden viel eher öffnen.

6. Monatliches Programm anbieten: Bieten Sie etwas an, dass Sie jeden Monat liefern. Zum Beispiel einen Newsletter, eine monatliche CD oder ein Konsumprodukt. Überlegen Sie sich, wie sie das tun könnten.
7. Verlorene Kunden: Statistiken haben gezeigt, dass Sie 40% der verlorenen Kunden wieder zurück gewinnen können. Entweder haben sich die Lebensumstände des Kunden verändert oder er hat Sie schlichtweg vergessen. Nur ein kleiner Teil war mit Ihrem Service unzufrieden. Wenn Sie sich aber um diese Kunden bemühen, dann werden sie auch ehemals unzufriedene Kunden wieder gewinnen können.
8. Gratis Kapitel online anbieten: Sie können dem Kunden ein gratis Kapitel über Ihr Thema im Gegenzug zu seiner Email Adresse anbieten. Wenn Sie seine Email Adresse haben, dann können Sie ihm regelmässig Angebote schicken.

Internet Marketing

Der Vorteil vom Internet Marketing ist, dass Sie schnell Fehler machen können, die nichts kosten. Wenn Ihre Strategie nicht funktioniert, dann machen Sie einfach keine Verkäufe. Wenn Sie das Ganze per Briefpost machen würden, dann zahlen Sie für das Papier, den Briefumschlag und das Porto. Das kann unter Umständen mehrere tausend Euro kosten.

Mal angenommen, Sie wollen Ihr Produkt per Internet verkaufen. Sie geben einem Interessenten, der auf Ihre Seite geht, eine gratis Information in Form einer elektronischen Datei (zum Beispiel ein E-book) weiter, wenn Ihnen dieser im Gegenzug seine Email Adresse gibt.

Schicken Sie ihm nun einen monatlichen Newsletter mit vielen nützlichen Tipps über Ihr Thema und bieten Sie, am Ende Ihres Textes, noch Ihr Produkt an. Bauen Sie so eine Datenbank mit Email

Adressen von Kunden auf, die sich bereits einmal grundsätzlich für Ihr Produkt interessiert haben. Wenn Sie es geschafft haben, in einem Jahr 10'000 Email Adressen aufzubauen, dann haben Sie es geschafft. Verschicken Sie eine Email pro Monat in dem Sie ein Produkt für 100 Euro anbieten. Gemäss der Quotenrechnung wird mindestens 1% der Kunden Ihr Produkt kaufen. Von 10'000 Personen sind das 100 Leute. Im Jahr verdienen Sie so 120'000 Euro.

Der zentrale Punkt ist die Liste der Email Adressen von echten Interessenten Ihres Produktes/Dienstleistung/Informationen. Je mehr Sie davon haben, desto mehr Verkäufe werden Sie tätigen.

Idee hat nicht funktioniert

Stellen Sie sich vor, Sie haben versucht, einen Service zu verkaufen, aber die Idee hat nicht funktioniert. Nur, wenn Sie Dinge ausprobieren und testen, werden Sie feststellen, was sich verkaufen lässt und was nicht. Vielleicht finden Sie ja einen anderen Verkaufsweg oder ein anderes Produkt, das Sie beim Versuch entdeckt haben. Ohne den Start hätten Sie es aber nie gefunden.

Die Vermarktung Ihrer Idee: Das Wichtigste im Überblick

- In Wahrheit ist Kreativität lediglich nur harte Arbeit.
- Lernen Sie alles über das Thema Verkaufen.
- Wer ist Ihre Zielgruppe?
- Alles basiert auf einer Quotenrechnung.
- Es gibt drei Möglichkeiten, Ihren Umsatz zu erhöhen: Durchschnittlicher Verkauf erhöhen, Kundenanzahl erhöhen, Anzahl Transaktionen pro Jahr erhöhen.
- Kopieren Sie erfolgreiche Strategien. Wenn Sie das tun, was

andere erfolgreich macht, werden Sie die gleichen Resultate erzielen.
- Testen Sie zuerst alles. Nur so finden Sie heraus, was wirklich funktioniert und was nicht. Nehmen Sie niemals etwas einfach so an.
- Bieten Sie ein Angebot an, dass nicht abgelehnt werden kann.
- Schalten Sie das Risiko einer Transaktion für den Kunden aus.
- Benutzen Sie das Internet, um Marketing zu betreiben.

Info – Preneurship

Wie haben Sie es geschafft, eine Million Bücher zu verkaufen?
Antwort von Andrew Matthews:
Ich bin eine Million Meilen geflogen, habe fünfhundert Vorträge gehalten, tausend Interviews gegeben – und dreiundzwanzig Mal mein Gepäck verloren!

Womit sollten Sie anfangen?

Wir befinden uns im Zeitalter der Information. Informationen sind wertvolle Güter in der heutigen Zeit und Menschen sind bereit viel Geld für Informationen auszugeben.

Informationen, die für Sie „normal" und nichts Besonderes sind, können für andere eine Offenbarung sein und diese sind dann bereit dafür zu bezahlen.
Fragen Sie sich, worin Sie besonders gut sind oder welche speziellen Talente oder Fähigkeiten Sie besitzen.

In jedem von uns steckt das Wissen für mindestens ein Buch.

Welches Buch könnten Sie schreiben, dass jemanden interessieren könnte?
Sie könnten aber auch ein Thema nehmen, in dem Sie besonders gut sind und ein öffentliches Seminar daraus machen. Oder wie wäre es mit einem 20 bis 30-seitigen Word Dokument, das Sie für fünf oder zehn Euro als Email verschicken?
Oder wie wäre es mit persönlicher Beratung, die Sie im Stundenansatz verkaufen?

Was ist ein Infopreneur?

Ein Entrepreneur ist ein Unternehmer, der ein Business aufbaut. Ein „Info"-Preneur ist jemand, der Unternehmer ist, aber vor allem Informationen verkauft.

Wir versinken in Informationen. Heutzutage haben wir so viele Informationen zur Verfügung, dass wir gar nicht mehr wissen, was relevant ist und was nicht.

Ein Infopreneur nimmt ein Wissen über ein bestimmtes Thema und wandelt es in verschiedene Medien um. Diese Medien können ein Buch, ein Seminar oder zum Beispiel ein Audioprogramm sein.

Die Information, die verkauft wird, muss simpel, einfach zu gebrauchen sein und schnelle Resultate erzielen. Am besten wird diese Information mit folgenden drei Punkten vermarktet:

1. Eine interessante Geschichte
2. Eine Expertise, die Menschen wollen
3. Ein starker Marketing Plan

Eine interessante Geschichte

Wandeln Sie Ihre Lebensgeschichte in Geld um. Sogar dann, wenn Sie ein absoluter Versager waren. Der Autor erzählt, wie er oder sie fett, hässlich, unglücklich, alleine, abhängig, etc. war und durch ein Wunder oder ein spezielles Wissen den Misserfolg überstehen konnte.

Anthony Robbins, einer der bekanntesten Erfolgstrainer aus Amerika, erzählt, wie er völlig am Boden war und innerhalb eines Jahres sein Leben umkrempelte.

Susan Powter, die Autorin des Buches „Stoppt diese Diät", hat einen Weg gefunden, wie sie ohne Diäten abnehmen konnte.
Was können Sie besonders gut? Sind Sie gut in der Gartenarbeit, wissen Sie, wie man Geld macht oder können Sie besonders gut Basketball spielen?
Egal, was Sie von Ihrem Talent halten, es gibt wahrscheinlich andere Menschen, die nicht den Level haben, den Sie haben.

Lassen Sie mich dazu ein Beispiel geben:
Verkäufer A verdient 100'000 Euro im Jahr. Verkäufer B verdient im Vergleich nur 30'000 Euro. Glauben Sie, dass Verkäufer A dem Verkäufer B etwas beibringen kann? Auch wenn es vielleicht Verkäufer gibt, die eine Million im Jahr verdienen, dann ist das Wissen des Verkäufers A für viele trotzdem sehr hilfreich.

Sie brauchen eine gute Geschichte.
Erzählen Sie Ihre Resultate und verkaufen Sie Ihr System.

Wie Sie damit Geld verdienen können

Bücher verkaufen sich für 20 Euro. Die Produktion eines Buches beläuft sich jedoch nur auf etwa fünf Euro. In der folgenden Liste finden Sie weitere Medien:

Info-Medium	Produktionskosten	Verkauf
(Broschüren)	weniger als 30 Euro	10 bis 200 Euro
E-Books	keine Kosten	10 bis 20 Euro
Audio Kassetten	zwei Euro	20 bis 50 Euro
CDs	drei Euro	20 bis 50 Euro
Videos	fünf Euro	20 bis 50 Euro
Coaching	keine Kosten	100 Euro pro Stunde
Seminare	keine Kosten	300 bis 500 Euro
E-Newsletter	keine Kosten	10 bis 20 Euro / Mt.

Video Kurse	30 Euro pro Kurs	500 bis 1000 Euro
Vorträge	keine Kosten	100 bis 2000 Euro

Der Start

Sie brauchen nicht einmal ein neues System. Es kann bereits existierendes Wissen sein, dass Sie neu verpacken. Sie können damit anfangen, Ihre Ideen mit Ihren Freunden zu teilen. Wenn es gut ankommt, können Sie ein kleines Inserat in einer lokalen Zeitung schalten und eine Gratispräsentation anbieten. Bei dieser Präsentation versuchen Sie dann die Teilnehmer dazu zu motivieren, an Ihr Seminar zu kommen.

Dies ist genau das, was Bestsellerautor Robert Allen gemacht hat. Er hat sich mit dem Thema „wie man ohne Eigenkapital ein Haus kaufen kann" beschäftigt. Er hat dies dann seinen Freunden erklärt und diese waren von dem Wissen begeistert. Danach hat er, wie bereits erwähnt, ein Inserat geschaltet und so seine Programme verkauft.

In der folgenden Aufstellung können Sie sehen, wie viel Geld er in 20 Jahren damit verdient hat:

$2.5 Mio. Bücher zu $20 verkauft	= $50 Mio.
100'000 Seminare zu $500 verkauft	= $50 Mio.
20'000 Trainings zu $5000 gegeben	= $100 Mio.
Verkauf anderer kleiner Dinge	= $20 Mio.
Total	= $220 Mio. (in 20 Jahren)

Wie Sie sehen, kann es sehr lukrativ sein. Auch wenn Sie nur 1% seines Erfolges haben, dann bin ich überzeugt, dass Sie davon ein gutes Leben führen könnten.

Vorteile vom Verkauf von Informationen

Die Vorteile sind, ...

dass Sie es weltweit per Internet verkaufen können,
dass die Informationen einfach zu erforschen sind,
dass die Informationen einfach zu kreieren sind,
dass sie sich einfach und billig testen lassen,
dass sie heute einfach und billig produziert werden können,
dass Sie kein Inventar brauchen,
dass es tiefe Startkosten hat,
dass es einen hohen Wert für andere darstellt,
dass es eine hohe Marge hat,
dass Sie damit überall auf der Welt arbeiten können und
dass Sie Briefe von zufriedenen Kunden bekommen, die Ihnen zeigen, dass Sie etwas Gutes für andere tun.

Drei Fähigkeiten, die Sie als Infopreneur brauchen

1. Research: Suchen, entdecken, entwickeln und organisieren von Ideen
2. Verpackung: Sich ausdrücken, kommunizieren, schreiben und texten
3. Marketing: Verkaufen, vermitteln, vermarkten (sich selbst und sowie das Produkt), Statistik über Verkauf führen, Kundendatei managen, Internetgrundlagen

Das Gute an der Geschichte ist, dass Sie all diese Fähigkeiten lernen oder von anderen Menschen kaufen können.

Ihre Kernidee

Als erstes brauchen Sie eine Kernidee. Diese Kernidee bildet dann die Grundlage für Ihr Unternehmen.

Seminare   *Bücher*   *Audio Programm*

Videos   **KERNIDEE**   *Pers. Beratung*

Wiederverkaufsrechte   *Newsletter*   *Affiliate Programme*

Nachdem Sie Ihre Kernidee definiert haben, können Sie dann Schritt für Schritt Produkte entwickeln, die sich durch Ihre Kernidee verkaufen lassen können.

John Gray, der Autor des Bestsellers „Männer sind vom Mars, Frauen sind von der Venus" war fünf Mal verheiratet und geschieden. Obwohl dies für viele ein Misserfolg darstellt, hat er durch seine Erfahrungen seine Kernidee entwickelt.

Manchmal liegen die Diamanten direkt unter Ihren Füssen. Sie müssen sehen, was andere nicht sehen können. Es ist nur eine Frage der Einstellung. Sie können Ihren Verstand darauf trainieren, Möglichkeiten zu sehen.
Es ist wie, wenn Sie eine neue Sprache lernen. Am Anfang müssen Sie sich stark konzentrieren, doch mit der Zeit fliesst es automatisch.

Sie können reich werden, in dem Sie Geld aus Luft erschaffen. Wenn Sie ein Buch schreiben und drucken lassen, dann müssen Sie es nur einmal produzieren und können es immer wieder verkaufen, ohne dass Sie alles wieder von null beginnen müssen.

Erfolg in Ihrer Kernidee

Das Problem ist, dass die Meisten glauben, dass sie nicht qualifiziert genug sind, um anderen etwas beizubringen. Dinge wie: „Ich habe keinen Uniabschluss" oder „ich bin nicht gut genug" halten Sie davon ab.
In Wahrheit wollen Menschen keine Unidiplome sehen, sondern sie wollen Resultate erzielen und Ihre Probleme lösen.

Sie sollten jedoch nur Informationen vermarkten, die Sie mit Begeisterung tun und von denen Sie eine Ahnung haben.

Fragen Sie sich, was Ihre Kunden wirklich wollen. Fragen Sie sie. Es geht nicht darum, was Sie wollen, sondern was Ihre Kunden wollen.

Das Trichter Prinzip

Das Trichter Prinzip ist die Strategie, wie Sie Ihr Informations-Business erfolgreich machen. Der Hauptzweck dabei ist es, Interessenten zu finden und diese allmählich in Kunden umzuwandeln.
Beginnen Sie immer mit dem günstigsten Produkt. Das kann ein Gratis-Seminar oder ein Gratis-Report sein, den Sie anbieten, um den Kunden in den Trichter zu bringen. Danach verkaufen Sie zum Beispiel Ihr Buch für 20 Euro. Es ist nicht schwierig jemanden dazu zu bringen, 20 Euro auszugeben. Auf der anderen Seite ist es fast unmöglich, jemandem etwas zu verkaufen, das 5000 Euro kostet, ohne dass er Sie kennt oder Erfahrungen mit Ihnen gemacht hat.

Wenn der Kunde Gefallen an Ihrem Buch gehabt hat, dann können Sie ihm ein zweites Produkt anbieten, das ungefähr 100 Euro kostet. Wichtig ist, dass Sie jedes Mal etwas anbieten, das mehr Wert darstellt, als dass es effektiv kostet. Wenn Sie zum Beispiel ein Produkt für 100 Euro anbieten, dann sollte es in den Augen des Kunden mindestens 200 bis 300 Euro an Wert bieten.

Danach können Sie zum Beispiel einen Selbstlernkurs für zu Hause für 250 Euro anbieten. Als nächstes bieten Sie ihm ein Seminar für 500 Euro an. Und dann ein Intensiv Programm inklusive Video – und Audioprogramm für 999 Euro.

Und erst jetzt, wenn der Kunde viele gute Erfahrungen mit Ihrem Produkten gemacht hat, ist er bereit 3000 bis 5000 Euro für Ihr dreitägiges Seminar auszugeben.

Gratis-Produkt
↓
Buch für 20 Euro
↓
Produkt für 100 Euro
↓
Selbstlernkurs für 250 Euro
↓
Seminar für 500 Euro
↓
Intensiv-Programm für 999 Euro
↓
3 Tages Seminar für 3000 bis 5000 Euro

Jeder Kunde ist viel mehr wert, als Sie zu Beginn denken, wenn Sie sich um ihn kümmern. Ein Buch für 20 Euro oder ein Seminar für 500 Euro ist erst der Anfang.

Wenn Sie ein Gratis-Produkt von mir wollen, dann gehen Sie bitte auf www.noeme.org.

Erfahrungen von Robert Allen

Robert Allen hat damit angefangen, indem er ein Inserat in einer Zeitung aufgab. Er bot ein 90-minütiges Gratisseminar an, das sich mit dem Thema „wie Sie mit wenig oder keinem Geld Immobilien kaufen können". Dieses Thema weckte das Interesse vieler und normalerweise kamen ungefähr 200 Personen an seine jeweilige Präsentation. Diese 200 Personen waren zunächst einmal potentielle Interessenten.

Aus seinen Erfahrungen kaufte er gewisser Prozentsatz das Seminar gleich auf der Stelle und gab somit $500 bis $1000 für ein Seminar aus. Dieser Prozentsatz war normalerweise etwa 10 bis 15%. Manchmal konnte er sogar bis 20% sein. Mindestens 10% würden aber immer kaufen.

Dies entspricht bei 200 Personen einen Gewinn von ca. $10'000 (20 x $500). Nicht schlecht für 90 Minuten!

Die anderen kamen weiterhin in den Trichter der Interessenten, da er diesen Personen weitere Angebote per Post oder per Email zustellte.

Die Liste ist der Schlüssel zum Erfolg

Kreieren Sie zuerst: eine Liste mit Leuten, die grundsätzlich ein Interesse an Ihrem Thema haben könnten. Das können Freunde, Bekannte, Vereine, Arbeitskollegen vom Geschäft oder andere sein.

Die meisten Menschen werden nicht an Ihrem Angebot interessiert sein. Sie brauchen aber auch nur einen kleinen Prozentsatz, um Geld zu verdienen.

Wenn Sie eine Liste mit 1000 Menschen haben und wenn Sie 1000 Euro pro Tag verdienen wollen, dann müssen Sie folgendes erreichen:
Sie brauchen mindestens eine Person, die Ihr 1000 Euro Intensiv-Programm wählt oder zwei Personen, die Ihren 500 Euro Selbstlernkurs wählen oder vier Personen, die Ihr Spezialangebot mit mehreren Produkten für 250 Euro wählen oder 10 Personen, die Ihr 100 Euro Produkt kaufen. Im besten Fall brauchen Sie nur eine 1% Quote.

Der Schlüssel ist die Liste.

Ihre Konkurrenz

Finden Sie heraus, was die Top fünf Anbieter in Ihrem Gebiet für Produkte anbieten und wie Sie zu Ihren Kunden kommen. Was macht Ihre Konkurrenz besonders gut? Finden Sie auch heraus, welche Produkte Ihnen noch fehlen. Am besten werden Sie selbst Kunde, um zu sehen, wie die einzelnen Schritte aussehen.

Ein wichtiges Wort über Konkurrenz: Oft beginnt ein Anfänger voller Enthusiasmus ein neues Unternehmen, da er glaubt, ein einzigaritiges Produkt zu haben, das sonst niemand anbietet. Bald findet er heraus, dass jemand anders diese Idee längst vermarktet. Oft sogar mit einem sehr ähnlich klingenden Titel. Dies entmutigt den Anfänger sehr.

Zuerst ist es wichtig, dass Sie verstehen, dass es eine enorme Menge von Menschen in der Welt gibt. Wenn Sie nur 1/1000 von 1% von der deutschsprechenden Bevölkerung erreichen (das sind übrigens 2000 Kunden) und in Ihren Trichter bringen, dann ist das mehr als genug für Ihr gesamtes Leben. Wenn Sie sich daran erinnern, wie viel ein Kunde im Verlaufe der Zeit wert ist und Sie wissen, dass dieser 1000 Euro pro Jahr ausgeben wird, dann sind das über die nächsten 10 Jahre ZWANZIG MILLIONEN EURO!

Die Vermarktung Ihrer Information

Einzelheiten über das Produkt sind für den Kopf. Vorteile sind für das Herz. Einzelheiten haben mit Logik zu tun. Vorteile sind mit Emotionen verbunden. Emotionen werden Details immer 10 zu 1 überbieten.

Testen Sie auch verschiedene Kanäle: Versuchen Sie Zeitungen, Magazine, Newsletters oder das Internet. Einige werden nichts bringen, während andere hingegen sehr erfolgreich sein werden. Es kann einige Monate dauern, bis Sie das richtige Medium für sich herausgefunden haben.

Menschen sind faul. Wenn Sie die Wahl zwischen einfach und schwierig haben, so wählen die meisten immer einfach. Wenn sie sich zwischen schnell und langsam entscheiden müssen, dann wählen sie immer schnell. Positionieren Sie Ihr Produkt dementsprechend besser.

Liefern Sie immer mehr, als von Ihnen erwartet wird. Das wird Menschen dazu motivieren, weiter bei Ihnen einzukaufen.

In der heutigen Zeit des Internets können Sie auch automatische Systeme, wie Auto-responders verwenden. Wenn ein Kunde Interesse an Ihrem Produkt zeigt und Ihnen seine Email Adresse angegeben hat, dann bekommt er automatisch und in regelmässigen Abständen Informationen über Ihr Produkt zugestellt. Auf der Seite www.aweber.com können Sie diesen Service zum Beispiel für ca. 200 Euro pro Jahr kaufen.

Bieten Sie Ihren Kunden auch die Möglichkeit an, das Buch als Erster zu erlangen. Somit können Sie es verkaufen, bevor es produziert wurde.

Entscheidend ist, dass es einfach für den Kunden ist, bei Ihnen einzukaufen. Das erreichen Sie am besten, indem Sie ihm die Möglichkeit anbieten, mit Kreditkarte zu bezahlen. Anbieter finden Sie zum Beispiel unter www.paypal.com , www.clickbank.com oder www.2checkout.com .

In Amerika gibt es auch so genannt „Fulfilment companies". Diese nehmen Ihre Bestellungen entgegen, kümmern sich um die Verpackung und versenden das Produkt.

Es guter Weg, um Kunden zu gewinnen, ist ein Gastauftritt in einer (Lokal-) Radiosendung. Indem Sie am Ende etwas gratis offerieren, werden Sie weitere Kunden in Ihren Trichter bringen. Da die Radiosendung von vielen tausenden Menschen gehört wird, kann dies unter Umständen eine Lawine von Interessenten bringen.

Wenn Sie Interessenten haben, die lange nichts gekauft haben, dann bieten Sie denen ein Produkt zum halben Preis an, das normalerweise 100 Euro kostet. Dies wird einige dazu bringen, das Produkt zu kaufen und Sie werden weitere Kunden in Ihrem Trichter bringen.

Schlussfolgerung

Sie können 80 Stunden pro Woche arbeiten. Fragen Sie sich aber, wie Sie das auch auf eine „faule" Art und Weise tun könnten. Seien Sie kreativ. Mit dem Verkauf von Informationen haben Sie alle Möglichkeiten offen.

Info – Preneurship : Das Wichtigste im Überblick

- In jedem von uns steckt das Wissen für mindestens ein Buch.
- Sie brauchen eine gute Geschichte, eine Expertise, die Menschen wollen und einen starken Marketingplan.
- Als erstes brauchen Sie eine Kernidee. Diese Kernidee bildet dann die Grundlage für Ihr Unternehmen.
- Beginnen Sie immer mit dem günstigsten Produkt. Das kann ein Gratis-Seminar oder ein Gratis-Report sein, den Sie anbieten, um den Kunden in den Trichter zu bringen.
- Der Schlüssel ist die Liste.
- Sie brauchen nur 2000 Kunden und nicht die halbe Welt, um finanziell frei zu sein.
- Liefern Sie immer mehr, als von Ihnen erwartet wird. Das wird Menschen dazu motivieren, weiter bei Ihnen einzukaufen.

Mentale Stärke

„Ich habe immer gespürt, dass meine grösste Stärke nicht meine körperlichen Fähigkeiten sind, sondern meine mentale Stärke."
Bruce Jenner

Bevor wir dieses Thema genauer behandeln, möchte ich mit Ihnen einen kleinen Test machen. Wenn es um das Thema Erfolg geht, egal in welchem Bereich, dann braucht es drei Kernkompetenzen, um sein Ziel zu erreichen. Diese Kernkompetenzen sind:

1. Fähigkeiten
2. Wissen
3. Mentale Einstellung

Verteilen Sie nun 100% auf diese drei Bereiche. Welcher Bereich ist am wichtigsten und welcher Bereich ist weniger entscheidend für Erfolg? Überlegen Sie gut.

____ % Fähigkeiten   ____ % Wissen
____ % Mentale Einstellung

Wie ist Ihr Resultat rausgekommen? 40%, 40%, 20% ? Oder 20% 20% 60% ? Die Antwort ist eigentlich ganz einfach. Der Begriff Mentale Einstellung bedeutet auf Englisch „attitude". Nehmen wir dieses Wort doch einmal auseinander und schreiben es vertikal auf.

A = _____
T = _____
T = _____
I = _____
T = _____
U = _____
D = _____
E = _____
Total = _____ %

Nehmen Sie nun das Alphabet und setzen Sie hinter jeden Buchstaben eine Zahl (A = 1, B = 2, C = 3, D = 4, E = 5, etc.) Lesen Sie bitte nicht weiter, bis Sie diese Übung gemacht haben.

Hat Sie die Zahl überrascht? Das Resultat kann für viele ein Augenöffner sein. In unserer Gesellschaft wird sehr viel Wert auf Wissen und Fähigkeiten gelegt. Dabei wird oft die wichtigste Zutat unterschätzt. Egal, was Sie erreichen wollen, ohne die richtige mentale Einstellung, werden Sie gar nichts erreichen. (Die Lösung der Übung ist übrigens 1+20+20+9+20+21+4+5=100). Sie können noch über so viel Talent verfügen oder 10 Doktortitel haben, aber wenn Ihre Einstellung nicht stimmt, dann hilft Ihnen gar nichts.

Das Prinzip Selbstverantwortung

Um Erfolg im Leben zu haben, spielt die richtige mentale Einstellung eine zentrale Rolle. Dabei meine ich nicht, dass Sie einfach nur „positiv denken" und in der Illusion leben, dass alles schon irgendwie gut gehen wird. Damit meine ich, dass Sie sich bewusst sind, dass Sie absolut die Verantwortung für Ihr Leben übernehmen. Alles, was Sie sind und jemals sein werden, hängt nur von Ihrer eigenen Einstellung ab.

Niemand wird zu Ihrer Rettung kommen. Wenn Sie wollen, dass etwas Positives in Ihrem Leben geschieht, dann müssen Sie es selber tun.

Akzeptieren Sie 100% Verantwortung für alles, was Ihnen geschieht. Erfolglose Menschen machen die Umstände oder andere Menschen dafür verantwortlich, dass etwas nicht geht. Sie beschuldigen andere Menschen oder die Umstände, wenn etwas nicht so läuft, wie sie es sich vorgestellt hatten. Erkennen Sie, dass sich nur dann etwas ändern wird, wenn Sie absolut ehrlich mit sich selbst sind und für alles, was Ihnen geschieht, die Verantwortung übernehmen. Sagen Sie zu sich: Ich bin verantwortlich! Beschuldigen Sie niemals andere oder erfinden Sie selbst Entschuldigungen.

Bespiel: Sie haben jemanden gebeten, etwas für Sie zu erledigen und stellen fest, dass es nicht getan wurde. Dieser Umstand macht Sie sehr wütend und Sie schieben die Schuld auf die Person. Nach dem Prinzip der Selbstverantwortung müssen Sie die Situation ehrlich betrachten und sich fragen, warum diese Person Ihren Wunsch nicht erledigt hat. Vielleicht haben Sie sich nicht klar ausgedrückt oder vielleicht haben Sie einfach angenommen, dass diese Person Ihren Wunsch ausführen würde. Vielleicht haben Sie nicht richtig erkannt, dass Ihnen diese Person eigentlich nicht zugestimmt hat und da Sie einfach über die Person hinweggefahren sind. Was immer es auch ist: Nur Sie sind verantwortlich.

Eine meiner Lieblingsgeschichten ist die Erfolgsgeschichte der Migros in der Schweiz. Die Migros ist der grösste Lebensmittelanbieter in der Schweiz. Die Vormachtstellung beträgt über 50%. Als Gottlieb Duttweiler damals mit seinen Lebensmittelwagen von Dorf zu Dorf fuhr und Erfolg damit hatte, waren andere Lebensmittelgeschäfte gar nicht begeistert, da er Ihnen Kunden wegnahm. Es ging sogar soweit, dass die Lobby der Lebensmittelgeschäfte ein Gesetz verabschiedete, dass diese Art von Lebensmittelverkauf nicht zulässig sei. An dieser Stelle hätten viele sicher aufgegeben, da sie nichts gegen das Gesetz machen konnten. Nicht so aber Duttweiler, der sich daraufhin entschloss, selbst in die Politik zu gehen, um das Gesetz wieder rückgängig zu machen. Es dauerte über zwei Jahre, bis er es schaffte. Somit stand der Migros nichts mehr im Wege. Er hatte nicht einfach aufgegeben und sein Schicksal hingenommen. Er übernahm die Verantwortung.

Menschen machen immer die Umstände dafür verantwortlich,
wer sie sind.
Ich glaube nicht an Umstände.

Die Menschen, die in der Welt vorankommen, sind die Menschen, die nach dem Umständen Ausschau halten. Und wenn sie sie nicht finden können, dann erschaffen sie sie selbst.
(George Bernard Shaw)

Warten Sie also nicht, bis etwas geschieht. Drehen Sie den Spiess einfach um und werden Sie aktiv.
Wenn Ihnen etwas im Leben nicht passt, dann ändern Sie die Umstände. Wenn das nicht geht, dann ändern Sie Ihre Einstellung dazu.

Wachsen durch Rückschläge

Temporäre Rückschläge zu erleben ist ein unvermeidbarer Teil des Lebens. Sie können nicht stärker werden, wenn Sie nicht auch einmal versagen oder etwas falsch machen.
Das Wichtigste ist, dass Sie aus Ihren Rückschlägen lernen. Ich glaube fest daran, dass jeder in seinem Leben bestimmte Lektionen zu lernen hat und erst dann weiterkommt, wenn er/sie sich diese Lektionen zu Herzen genommen hat.

Es ist wichtig, dass Sie durchhalten, wenn es schwierig wird. Ihr Unterbewusstsein programmiert sich nämlich negativ, wenn Sie ständig aufgeben. Jedes Mal, wenn dann ein neues Problem erscheint, handeln Sie dann unbewusst so, wie in den vorhergehenden Situationen. Wenn Sie also immer gleich aufgeben, dann programmieren Sie in Ihrem Kopf, dass Sie keine andere Wahl haben.

Wenn Sie einen Rückschlag erleiden, dann verleugnen Sie ihn nicht. Schauen Sie sich diesen Rückschlag an und sagen Sie ihm, dass er Sie nicht klein kriegen kann. Sie sind grösser, als er.

Fragen Sie sich auch, was Sie gut und richtig gemacht haben. Was würden Sie nächstes Mal anders machen? Was haben Sie von diesem Ereignis gelernt?

Als ich Verkaufsmanager war, kam einer meiner besten Verkäufer niedergeschlagen in mein Büro. Er hatte diesen Monat absolut versagt und fühlte sich schlecht dabei.
Ich habe ihm dann gesagt, dass jeder erfolgreiche Mensch auch einmal Rückschläge hinnehmen müsse. Wenn man die Geschichten von erfolgreichen Menschen liesst, dann heisst es dort nicht, dass immer alles glatt gelaufen ist. Im Gegenteil! Meist mussten diese Leute extreme Schwierigkeiten überwinden, um an Ihre Ziele zu erlangen. Keiner will eine Erfolgsgeschichte hören, wo immer alles perfekt gelaufen ist.
Ich habe ihm dann gesagt, dass er sich seine Erfolgsgeschichte ausmalen und diesen Monat als wichtigen Monat anschauen soll. Er solle sich diesen Rückschlag im Zusammenhang mit seiner Erfolgsgeschichte ins Bild setzen. Er soll sogar froh darüber sein, dass ihm dies geschehen ist. Erst jetzt habe er nämlich eine gute Geschichte, die er einmal seinen Kindern erzählen könne. Davor, als alles glatt gelaufen sei, war die Geschichte ja langweilig.

Er lachte, als ich ihm dies sagte. Er kam aus seinem negatives Feld heraus und betrachtete die Situation von aussen. Er erholte sich von diesem Ereignis und machte im darauf folgenden Monat einen neuen persönlichen Rekord.

Wenn Sie einen Rückschlag haben, dann ist das ein wahrer Test, um zu sehen, ob Sie es auch wirklich wollen.

Gott, oder wer auch immer, ist nicht daran interessiert, es uns im Leben einfach zu machen. Er ist viel eher an unserem Charakter interessiert. Gottes Verspätung ist nicht Gottes Ablehnung.

Angst vor Ablehnung und Versagen

Die zwei grössten Feinde des Menschen sind die Angst vor Ablehnung und die Angst vor dem Versagen.

Wenn Sie es schaffen, diese zwei Ängste zu überwinden und Ihre Einstellung zu ändern, dann wird Sie absolut nichts und niemand aufhalten können.

Warum fürchten wir diese zwei Dinge so sehr? Im Prinzip ist es ganz einfach: Da wir ja nach dem Muster „Schmerzen vermeiden und Lust gewinnen" operieren, bedeuten Angst vor Ablehnung und Versagen sehr viele Schmerzen. Unser Gehirn ist automatisch darauf bedacht, diese Schmerzen zu vermeiden.
In dem Sie sich eine neue Definition von Freude und Schmerzen in einer bestimmten Angelegenheit machen, können Sie diese Ängste überwinden.

Nutzen Sie dieses Freude-Schmerz-Schema zu Ihrem eigenen Vorteil.

Lassen Sie mich dazu ein Beispiel geben: Ein Verkäufer hat Angst davor, fremde Menschen anzurufen. Die Ablehnung der ständigen „Neins" führt dazu, dass er niemanden mehr anruft. Er versucht also, Schmerzen zu vermeiden.

Wenn er diese Situation aber ändern will, dann muss er seine Einstellung, sprich seine Definition von Freude und Schmerzen ändern. Zuerst sollte er sich einmal ausmalen, was passieren könnte, wenn er keine Anrufe mehr machen würde. Er hätte dann kein Geld verdient und könnte somit seine Familie nicht mehr ernähren. Zudem würde er dem Spott der anderen Verkäufer ausgesetzt sein. Diese Dinge sind zwar negativ, sind aber stärkere Motivationsfaktoren, als manche positive Dinge.

Auf der anderen Seite soll er sich ausmalen, wie schön es doch sein wird, wenn er besonders viele Anrufe tätigt und dabei viel Geld verdient. Er könnte sich dann ein schönes Auto und ein grosses Haus leisten.

Wenn Sie Angst vor etwas haben, dann müssen Sie Ihre eigenen Definitionen machen. Was würde Sie besonders motivieren und was möchten Sie um jeden Preis vermeiden, wenn Sie es nicht tun? Je emotionaler Sie sich das Ganze vorstellen, desto stärker wird der Effekt sein.

Manchmal hilft es auch, wenn Sie sich fragen, was das Schlimmste ist, das Ihnen passieren könnte. Wenn Sie es aufschreiben und betrachten, dann werden Sie bald feststellen, dass es gar nicht so schlimm ist. Dies gibt Ihnen Kraft.

Sie müssen sich Ihren Ängsten stellen. Dann werden sie verschwinden.

Faulheit

Die Faulheit ist ebenfalls eine schlimme Sache. Diese führt nämlich zu „Aufschieberitis" und zu tiefem Selbstwertgefühl.

Robert Half hat folgende Aussage gemacht. Er hat den Nagel auf den Kopf getroffen.

Faulheit ist eine geheime Zutat, die im Misserfolg vorhanden ist. Diese Zutat ist aber von der Person, die versagt hat, geheim gehalten worden.

Wenn Sie etwas nicht erreicht haben, dann müssen Sie sich ehrlich fragen, ob Sie auch wirklich alles Menschen-mögliche dafür getan haben. Meistens hat sich der erwünschte Erfolg nämlich darum nicht eingestellt, weil Sie nicht 100% gegeben haben.

Wenn Sie ein Produkt verkaufen wollen, dann wird es immer jemanden geben, der Ihr Produkt kaufen wird, vorausgesetzt, das Produkt bietet dem Kunden einen Vorteil.
Es ist also gar nicht möglich, dass jemand versagen kann. Es ist immer eine Sache der Quote. Je mehr Menschen von Ihrem Produkt erfahren, desto mehr werden es kaufen. Wenn Sie als Verkäufer mindestens fünf Termine pro Tag legen, dann kann gar nichts schief gehen. Das Einzige, was Sie zurückhält ist Ihre Faulheit und Ihre Angst.

Stellen Sie sich vor, Sie haben ein grosses Ziel. Sie möchten es gerne erreichen, aber Ihr Gehirn verbindet mehr Schmerz als Freude mit der Tätigkeit, die damit verbunden ist. Da es zwar schön wäre, das Ziel zu erreichen, Sie aber in Ihrem alten Faulheitstrott stecken, unternehmen Sie nichts.
Was würde nun aber passieren, wenn es wirklich um die Wurst geht? Was, wenn das Leben Ihrer Familie auf dem Spiele stünde? Würden Sie es dann schaffen?

Natürlich würden Sie es schaffen! Wenn Sie genug motivierende Ziele haben, dann können Sie alles erreichen.
Und vielleicht steht das Leben Ihrer Familie ja auf dem Spiel – Sie wissen es nur nicht...

Gehen Sie jede Tätigkeit so an, dass niemand sagen könnte, dass Sie faul sind. Mit dieser Einstellung werden Sie sehr weit kommen.

Ausreden und Entschuldigungen

Wenn wir etwas nicht durchstehen, dann tendieren wir dazu, zu rationalisieren und Entschuldigungen zu suchen. Die meisten Menschen lügen sich selbst an. Ehrlichkeit mit sich selbst kreiert Freiheit. Auch, wenn es ein bisschen weh tut. Nichts wird besser, bis Sie sich eingestehen, dass etwas falsch läuft.

> *Die Geschichten, die wir uns erzählen, sind das Einzige, was uns davon abhält,*
> *das zu kriegen, was wir wirklich wollen.*

Wenn Sie Entschuldigungen suchen, dann sagen Sie im Prinzip, dass jemand anders für Ihr Glück verantwortlich ist.

Die Ausrede, dass Sie zum Beispiel keine Zeit haben, ist eine typische Entschuldigung. Fakt ist, dass Zeit das Einzige ist, was wir alle gleich haben. Wir haben verschiedene Intelligenz, unterschiedliche Ausbildungen, Erfahrungen, Erziehung, etc. Aber wir haben alle genau 24 Stunden am Tag. Wenn Sie sich darüber beklagen, dass Sie keine Zeit haben, dann fragen Sie sich doch einmal, wer denn Ihren Wochenplan kreiert?

Eine andere Ausrede, ist die Verschiebung auf den nächsten Tag. Im Prinzip ist das eine Manipulation von Zeit.
Oft ist es dann am besten, wenn Sie wenigstens eine kleine Sache tun. Das bringt Sie in Fahrt und gibt Ihnen Momentum. Wenn Sie zum Beispiel täglich Sport treiben wollen, dann sollten Sie das als erstes am Morgen tun. Ziehen Sie sofort die Sportkleidung an, dann haben Sie nämlich keine Zeit, um darüber nachzudenken oder zu rationalisieren, warum Sie es jetzt doch nicht tun sollten.

Relativieren, um sich besser zu fühlen

Aussagen wie: „Es ist nicht so schlimm" oder „Ich bin nur ein paar Kilo übergewichtig" oder „Ich bin viel besser, als ich früher war", lassen Sie zwar für den Moment besser fühlen, aber es verändert nichts an der Situation.

Erst, wenn Sie ehrlich mit sich selbst sind, haben Sie den Drang, etwas zu verändern.
Negative Emotionen sind ein Signal, dass sich etwas verändern muss. Obwohl es negative Emotionen sind, ist die Auswirkung auf Ihr Leben positiv.

Mittelmässigkeit

Mittelmässigkeit bedeutet nicht, dass Sie sich mit anderen Menschen vergleichen. Es ist jedes Mal, wenn Sie sich mit weniger zufrieden geben, als Sie eigentlich im Stande sind, zu erreichen. Auch wenn Sie immer noch viel besser sind, als die Menschen um Sie herum, dann ist das für Ihre Standards immer noch schlecht. Sie werden nur dann wirklich glücklich sein, wenn Sie ans Limit Ihrer Fähigkeiten gehen.

John Wodden, der Basketball Coach, der mehr Meisterschaften als jeder andere gewonnen hat, hat sich nie aufs Gewinnen fokussiert. Am Ende jedes Spiels sagte er zu seinen Spielern, dass nur sie wirklich wissen, ob Sie gewonnen oder verloren haben. Die Punkte an der Tafel haben damit nichts zu tun. Vielleicht hat die Mannschaft das Spiel gewonnen, weil das andere Team schlecht war; aber sie waren nicht mal annähernd so gut, wie sie eigentlich hätten sein können.
Wenn Sie mehr Punkte auf der Tafel haben, aber Sie nicht Ihr bestes gegeben haben, dann sind Sie ein Verlierer. Haben Sie aber das Spiel verloren, aber Sie haben wirklich alles gegeben, dann können Sie mit erhobenen Hauptes und als Gewinner vom Spielfeld gehen.

Im Leben zu gewinnen oder zu verlieren ist ein internes Spiel. Und das geht nur, wenn Sie ehrlich mit sich selbst sind. Allmählich werden Sie öfters mit mehr Punkten auf der Tafel stehen.

Stellen Sie sich vor, Sie würden in jedem Bereich in Ihrem Leben immer das Beste geben und keine Entschuldigungen akzeptieren. Wie würde sich die Qualität Ihres Lebens verbessern?

_____
_____
_____

Integrität

Im Golf-Film „Bagger Vance" gibt es eine Stelle, wo drei Spieler um den Titel des Turniers spielen. Der Lokalmatador, wieder gespielt von Matt Damon, berührt aus Versehen den Ball mit dem Schläger. Dieser bewegt sich um zwei Zentimeter zur Seite.
Niemand, ausser dem Balljungen von Matt Damon, hatte dies bemerkt. Der Balljunge sagte zu Matt, dass er es niemandem sagen solle, da es ja niemand wisse. Matt erwiderte, dass er es aber wisse und so nicht gewinnen wolle.

Diese Szene hatte mich schwer beeindruckt. Ich weiss nicht, ob ich auch so ehrlich gewesen wäre. Ich habe mir aber vorgenommen, es in Zukunft zu sein. Denn nur, wenn Sie ehrlich mit sich und den Menschen um sich sind, dann können Sie auch wirklich stolz auf Ihre Leistung sein.

Fokus und Entschlossenheit

Wenn Sie 100% Ihrer Energie auf eine Sache konzentrieren, dann werden Sie es schaffen. Wenn Sie hingegen versuchen fünf verschiedene Projekte gleichzeitig anzugehen, dann wird Ihnen 5 x 20% kann kein gutes Resultat in keinem der fünf Bereiche, bringen.

Sich alle Optionen offen halten zu wollen, führt oft dazu, dass Sie nur halbherzig an eine Sache herangehen. Erst, wenn Sie sich voll dazu entschlossen haben, sich auf eine Sache zu konzentrieren, werden Sie Ihr volles Potenzial erreichen. Manchmal bedeutet das, dass Sie sich bewusst eine andere Option verschliessen.

Lernen

Ist es Ihnen auch schon einmal aufgefallen, dass reiche Leute in Ihren Häusern eine Bibliothek haben? Glauben Sie, sie haben diese nur, weil es gut aussieht?
Sicherlich ist das nicht der Fall. Die meisten erfolgreichen Menschen lesen pro Woche mindestens ein Buch. Das gibt im Jahr rund 50 Bücher und in 10 Jahren etwa 500 Bücher. Können Sie sich vorstellen, dass Sie Ihre Chance auf Erfolg erhöhen können, wenn Sie 500 Bücher über Erfolg, Marketing, Kommunikation, Verkauf, Management oder technisches Wissen gelesen haben?

Ich rate Ihnen, das Lesen zu einer neuen Angewohnheit zu machen, wenn es das noch nicht ist. Nutzen Sie Ihre Zeit, in dem Sie, wenn Sie zum Beispiel Wartezeiten haben, immer etwas zu lesen bei sich haben. Wenn Sie im Auto sind, dann hören Sie nicht einfach Radio. Besorgen Sie sich stattdessen Lern-Audiokassetten oder CDs, die Sie im Auto hören können.

10 Jahre TV schauen machen dumm.
10 Jahre Schokolade essen, machen fett.
10 Jahre zwei Stunden täglich aufbauende Literatur lesen,
erhöht Ihr Einkommen um das Zwei- oder Dreifache.

Positives Wissen statt Positives Denken

An dieser Stelle möchte ich mit Ihnen einen kleinen Test machen. Schliessen Sie Ihre Augen und stellen Sie folgendes vor:

Nehmen Sie eines Ihrer Ziele und *hoffen* Sie, dass Sie es erreichen werden.
Machen Sie es nun noch einmal und *erwarten* Sie, dass Sie es erreichen werden.

Wie fühlt sich der Unterschied an?

Wenn Sie hoffen und wünschen, dass Sie etwas erreichen, dann wird es immer ein Traum bleiben. Wenn Sie aber *wissen*, dass Sie es erreichen werden, dann ist es viel konkreter.
Überlassen Sie nichts dem Zufall. Seien Sie sich immer absolut klar darüber, was Sie wollen. Und hegen Sie dann die Überzeugung, dass Sie es sicher schaffen werden.

Nichts kann Sie aufhalten

Im Prinzip ist es ganz einfach. Alles, was Sie brauchen, ist ein Ziel, einen Plan, Selbstdisziplin, Durchhaltevermögen und Zeit.

Wenn Sie nie aufgeben, dann können Sie alles erreichen. Andere Menschen hatten 10x mehr Hindernisse als Sie und haben trotzdem ihre Ziele erreicht.

Nicht aufgeben

Ich möchte Ihnen eine Unterhaltung zwischen einem jungen Unternehmer und einem Millionär wiedergeben. Der junge Unternehmer war total am Ende und kurz davor aufzugeben.

Millionär: „Ok, Sie haben kein Geld mehr; aber glauben immer noch an Ihre Idee?"
Unternehmer: „Ja. „
Millionär: „Haben Sie regelmässig etwas zu essen?"
Unternehmer: „ Ja."
Millionär: „Haben Sie einen Platz zum Schlafen, auch wenn es die Coach von jemandem oder in Ihrem Auto ist?"
Unternehmer „ Ja."
Millionär: „Haben Sie Menschen, die Sie lieben und unterstützen, auch wenn sie glauben, dass Sie ein wenig verrückt sind?"
Unternehmer „Ja."
Millionär „Dann machen Sie weiter. Sie werden es schon irgendwann schaffen."

Wir leben in einer Gesellschaft, die reich an vielen Dingen ist. Oft sind wir uns dessen nicht bewusst. Sie können zum Beispiel in den Supermarkt gehen und dort ein Stück Fleisch kaufen. Sie mussten es vorher ja nicht selbst fangen und umbringen.
Sie haben die Möglichkeit in eine öffentliche Bibliothek zu gehen und sich Wissen anzueignen.
Wir haben ein Sozialnetz und eine Krankenversorgung, die niemanden im Stich lässt.
Es geht uns so gut, dass wir es manchmal vergessen.
Wenn Sie eine Idee haben und es nicht gleich klappt, dann halten Sie durch. Was kann Ihnen denn wirklich schon passieren? Sie können Ihr gesamtes Geld verlieren. Aber ist das wirklich so schlimm? Sterben tun Sie deswegen noch lange nicht und einen Job könnten auch jederzeit wieder bekommen. Ist es aber nicht das Risiko wert, den eigenen Traum zu leben und die Chance zu erhalten, finanziell unabhängig zu werden?
Das Leben ist im Prinzip nur ein Spiel. Sie können das Spiel auf sicher spielen und Ihr Leben lang angestellt sein oder Sie können versuchen zu gewinnen.

Wenn Sie etwas tun und es nicht funktioniert, dann müssen Sie Ihren Weg ändern. Wenn es immer noch nicht funktioniert, dann ändern Sie den Weg halt nochmals. Tun Sie dies so lange, bis es funktioniert. Sie dürfen einfach nicht aufgeben. Wenn das Ziel wirklich erstrebenswert ist, dann werden Sie irgendwann die richtige Lösung finden. Somit ist Ihr Erfolg garantiert.

Persönlichkeitsentwicklung

Persönlichkeitsentwicklung ist heutzutage nicht populär. Alles muss schnell gehen. Wir wollen Fertigpulver, Fertigsuppe, Fast Food, etc. Persönlichkeitsentwicklung braucht aber Zeit.
Fragen Sie sich, welche Person Sie werden möchten, damit Sie Ihre Ziele erreichen können.

Nur wenn Sie besser werden, wird auch Ihr Leben besser.

Ein Millionär sagte zu mir einmal folgendes: „Sie können mein Haus, mein Auto und mein Geld wegnehmen. Innert kürzester Zeit habe ich alles wieder zurück. Ich bin die Person geworden, die ich heute bin, weil ich gelernt habe, auf was es ankommt. Bevor Sie etwas haben können, müssen Sie zuerst etwas sein."

Die erfolgreiche Person hat die Angewohnheit, die Dinge zu tun, die Versager nicht tun wollen. Meistens tun sie diese Dinge auch nicht gerne, aber die Stärke Ihrer Mission ist grösser, als Ihre Abneigung, es zu tun. (E.M. Gray)

Begeisterung

Frank Bettger, einer der erfolgreichsten Verkäufer aus Amerika, beschreibt in seinem Buch, wie sich sein Leben verändert hat, als er sich einfach entscheiden hatte, seine Tätigkeit mit Begeisterung zu tun. Im Prinzip war dies sein ganzes Geheimnis.

Irgendwann, als er fast am Boden mit seiner Karriere war, beschloss er so zu arbeiten, dass keiner sagen konnte, dass er faul sei.

Einzig und allein der feste Entschluss, mit Begeisterung und Einsatz an die Sache zu gehen, erhöhte sein Einkommen in 10 Tagen um 700 Prozent. Dies geschah nur, dank seiner neuen Einstellung. Er hatte sich vorgenommen, dem Kunden als der aktivste und lebendigste Verkäufer entgegenzutreten.

Er sagte sich, wenn er sich zwinge, begeistert zu handeln, so ändere sich auch seine innere Einstellung. Automatisch fühlte er sich auch begeistert.

Wie oft haben Sie schon gesagt, dass Sie grosse Dinge wagen würden. Und wieder ging ein Jahr vorbei, doch wenn es darum ging, etwas zu tun, lagen Ihre Hände immer noch im Schoss. Woran lag es nur? Hatten Sie Pech? Keine Spur! Es liegt einzig und allein an Ihnen.

Manchmal gibt es Dinge, die uns kurzfristig keinen Spass machen. Ich möchte Ihnen hierzu etwas aus der Zen Philosophie beschreiben. Auch wenn die Mönche eine niedrige Arbeit, wie zum Beispiel „den Boden fegen" ausführen müssen, dann betrachten Sie alles, als einen Teil des Ganzen. Sie wissen, dass Sie nur Schritt für Schritt vorwärts kommen können. Und wenn sie etwas tun, dann gibt es in dem Moment eigentlich nur diese eine Sache. In unserem Beispiel ist es das Bodenfegen. Ist das dann nicht das Einzige, das zur Zeit existiert? Und ist es dies nicht wert, so gut wie möglich getan zu werden?

Moderation?

Das Leben in Moderation zu leben ist ein Trugschluss, der von erfolglosen Menschen propagiert wird. Eine gewisse Balance im Leben zu haben, ist hingegen sehr wichtig.
Wenn Sie alles geben wollen, dann ist ein Leben in Moderation ein Widerspruch.

Sprechen Sie mal mit einem erfolgreichen Geschäftsmann oder Sportler. Sie werden herausfinden, dass diese Menschen viel zielorientierter sind, als Sie vielleicht annehmen. Moderation passt nicht in deren Leben.

Halten Sie sich von negativen Leuten fern

Seien Sie sehr wählerisch, mit wem Sie Umgang pflegen. Negative Menschen haben einen sehr starken Einfluss auf uns. Je mehr Zeit wir mit negativen Menschen verbringen, desto mehr Energie rauben sie uns.
Niemand umgibt sich gerne mit negativen Menschen. Oft sind es aber alte Gewohnheiten oder alte Freunde, an die wir uns schon zu lange gewöhnt haben.

Wie wichtig eine positive Persönlichkeit ist, zeigt sehr gut das nächste Zitat. Es ist eines meiner Lieblingszitate. „Je positiver Sie sind, desto mehr Türen werden für Sie aufgehen".

> *Lache und die Welt wird mit Dir lachen.*
> *Weine, und du weinst alleine.*

Ich möchte Ihnen an dieser Stelle auch das Buch von Dale Carnegie ans Herz legen. „Wie man Freunde gewinnt" ist ein absoluter Klassiker über den Umgang mit anderen Menschen. Es hat mein Leben und das, denen ich es empfohlen habe, sehr bereichert.

Intelligenz – Die Art wie Sie sich verhalten.

Früher wurde Intelligenz oft viel zu hoch bewertet. Studien haben jedoch im Laufe der Zeit gezeigt, dass Intelligenz, wenn es um Erfolg geht, zweitrangig ist.
Intelligenz ist in meinen Augen die Art, wie sich jemand verhält. Wenn Sie etwas Dummes tun, das nicht im Einklang mit Ihren Zielen steht und dann handeln Sie dumm. Egal, wie hoch Ihr IQ ist.

Emotionale Intelligenz ist hingegen viel wichtiger. Emotionale Intelligenz bedeutet, dass Sie spüren, wie sich jemand fühlt oder wenn etwas nicht stimmt. Es ist die Kunst, „strassenschlau" zu sein und das zu tun, was richtig ist und nicht, was intelligent scheint. Studien haben gezeigt, dass emotionale Intelligenz 24 Mal wichtiger ist, als der IQ.

Das gleiche gilt auch für die Bereiche Durchhaltevermögen und Sturheit. Wenn jemand stur handelt und dabei alles verliert, dann war das nicht sehr intelligent. Manchmal ist es klüger, alles aufzugeben und nochmals neu zu beginnen.

Ihr Unterbewusstsein

Ihr Unterbewusstsein ist wie ein doofer Mitarbeiter von Ihnen. Er tut genau das, was Sie ihm sagen. Deswegen müssen Sie aufpassen, was Sie ihm sagen. Sie müssen so spezifisch wie möglich sein, sonst tut er etwas anderes.

Genauso, wie Sie einen Fitnessplan haben, um körperliche Stärke aufzubauen, brauchen Sie einen Plan, um Ihre mentale Stärke aufzubauen. Speisen Sie Ihren Geist mit positiven Dingen, wie

„ich schaffe es!" oder „ich bin der Beste!". Irgendwann wird Ihr Unterbewusstsein diese Information aufnehmen und in die Tat umsetzen wollen.

Nichts kann den Mann mit der richtigen Einstellung stoppen, sein Ziel zu erreichen.
Nichts auf der Welt kann dem Mann mit der falschen mentalen Einstellung helfen.

Mentale Stärke: Das Wichtigste im Überblick

- Egal, was Sie erreichen wollen, ohne die richtige mentale Einstellung, werden Sie gar nichts erreichen.
- Niemand wird zu Ihrer Rettung kommen. Wenn Sie wollen, dass etwas Positives in Ihrem Leben geschieht, dann müssen Sie es selber tun.
- Temporäre Rückschläge zu erleben ist ein unvermeidbarer Teil des Lebens.
- Faulheit ist eine geheime Zutat, die im Misserfolg vorhanden ist. Diese Zutat ist aber von der Person, die versagt hat, geheim gehalten worden.
- Die Geschichten, die wir uns erzählen, sind das Einzige, was uns davon abhält, das zu kriegen, was wir wirklich wollen.
- Mittelmässigkeit bedeutet nicht, dass Sie sich mit anderen Menschen vergleichen. Es ist jedes Mal, wenn Sie sich mit weniger zufrieden geben, als Sie eigentlich im Stande sind, zu erreichen.
- Wenn Sie sich wirklich zu 100% auf eine Sache konzentrieren, werden Sie es schaffen.
- Sie dürfen einfach nicht aufgeben. Wenn das Ziel wirklich erstrebenswert ist, dann werden Sie irgendwann die richtige Lösung finden.
- Nur wenn Sie besser werden, wird auch Ihr Leben besser.

Den eigenen Traum leben

In einer Soap Opera spielt sich folgendes ab:

21.05 Uhr	Vivian gründet eine Modellagentur
21.07 Uhr	Sie mietet ein Büro von der Grösse eines Tennisplatzes
21.09 Uhr	Sie stellt einen Manager ein und geht nach Hawaii

Das richtige Leben sieht leider etwas anders aus. Vivian müsste im wirklichen Leben zuerst bei neun Banken vorsprechen, um einen Kredit zu bekommen. An den Wochenenden müsste sie in einer Imbissbude arbeiten und das erste Büro hätte die Grösse eines kleinen Badezimmers.

Um den eigenen Traum leben zu können, müssen am Anfang fast alle manchmal ein wenig unten durch. Das ist der Preis, den Sie für Ihren Traum bezahlen müssen. Obwohl Sie am Anfang viele kleine Schwierigkeiten zu überwinden haben, so ist es doch wichtig, dass Sie Ihren Kopf immer hoch tragen. Früher oder später werden Sie Ihr Ziel erreichen.

Ihr Leben und Ihre Zeit wieder zurückbekommen

Das Hauptanliegen in diesem Buch ist, dass Sie Ihr Leben und Ihre Zeit wieder zurückbekommen, damit Sie Ihren Traum verwirklichen können. Vielleicht hat Ihr Traum nichts mit Geld zu tun. Das ist völlig in Ordnung. Ich wollte Ihnen aber in diesem Buch aufzeigen, wie Sie mit Hilfe eines Business Systems ein Einkommen erzielen können und somit Ihr Leben ohne finanziellen Druck leben können.

Ich hoffe, dass Sie die Vorteile eines Business-Systems verstanden haben und sehen können, dass dies ein Weg ist, um frei zu sein.

Idealerweise verbinden Sie Ihren Traum mit einer Möglichkeit Geld zu verdienen.

Sich selbst finden und den eigenen Weg gehen

Eines der zentralen Themen im Leben ist, dass Sie sich selbst finden. Nur, wenn Sie wissen, wer Sie wirklich sind und was Sie wollen, werden Sie langfristig glücklich sein.

Im Prinzip ist alles ganz einfach: Es muss Ihnen klar werden, dass Sie als Angestellter niemals wirklich reich werden, es sei denn, sie sparen ein Leben lang einen gewissen Betrag. Wenn Sie aber schon vorher den Wunsch verspüren, das Leben zu führen, dass Sie wirklich leben wollen, dann rate ich Ihnen folgendes:

1. Finden Sie heraus, wer Sie sind.
2. Finden Sie heraus, was Sie wirklich wollen.
3. Bauen Sie ein Ihr Selbstvertrauen auf.
4. Überkommen Sie die Angst vor Ablehnung und Versagen.
5. Schaffen Sie sich selbst eine Einkommensgrundlage.

Dabei ist es auch wichtig, dass Sie Ihren Ängsten ins Gesicht schauen und unbeirrt Ihren Weg gehen. Lösen Sie sich von dem, was von Ihnen erwartet wird. Entwickeln Sie den Mut Ihr eigenes Leben zu leben.

Ein Beispiel einer Persönlichkeitsanalyse

Ihre Persönlichkeitsanalyse wird ein zentraler Punkt sein, um die ideale Tätigkeit für Sie zu finden. Anbei erhalten Sie mein eigenes Beispiel:

Geheimer Traum: finanziell frei sein, in Amerika leben und eigenes Unternehmen haben

3 wichtigsten Werte:	Unabhängigkeit, Familie, Selbstvertrauen
3 Verben / Tätigkeiten:	erschaffen, erreichen, reisen
4 Talente:	kommunizieren, präsentieren, lehren, motivieren
3 Bereiche:	Sport, Finanzen, Psychologie
Stärken meines Typs:	Innovation, Kommunikation, Vision

Basierend auf dieser Analyse gäbe es folgende Möglichkeiten:

1. Seminartrainer
2. Autor
3. Infopreneur
4. Berater / Verkäufer

Klarheit

Als nächstes ist es wichtig, Ihre Tätigkeit so klar wie möglich zu definieren. Erst, wenn Sie absolute Klarheit haben, können Sie in die Planung übergehen.

Was wollen Sie wirklich? Welche Ziele wollen Sie in den nächsten 12 Monaten unbedingt erreichen? Was wollen Sie genau tun?

Selbstvertrauen aufbauen

Wie Sie im gleichnamigen Kapitel ja herausgefunden haben, gibt es viele Möglichkeiten, Ihr Selbstvertrauen aufzubauen.
Aus meiner Sicht eignet sich dazu am besten, wenn Sie innert eines Monats kleine finanzielle Erfolge erzielen können. Dies wird die Grundlage dafür sein, dass Sie den Mut aufbringen, Ihren Job zu kündigen.

Indem wir kleine Erfolge kreieren, erhalten wir unsere Macht wieder zurück.

Der Angst ins Gesicht schauen

Welche Dinge halten Sie noch davon ab, das Leben zu leben, das Sie eigentlich leben sollten? Machen Sie sich eine Liste und schreiben Sie alle Vor – und Nachteile auf, die Sie durch diese Dinge erhalten.
Machen Sie danach eine bewusste Entscheidung, was Sie behalten wollen und was Sie aus Ihrem Leben streichen wollen. Schreiben Sie all die negativen Dinge auf ein Blatt Papier und zünden Sie es an. Betrachten Sie dieses brennende Blatt so lange, bis es sich in Rauch aufgelöst hat.

Dieser symbolische Akt wird Ihnen Kraft geben. Die Entscheidung, Ihr Leben neu zu gestalten, wird eine der wichtigsten Entscheidungen sein, die Sie je gemacht haben.

Der konkrete Anfang, um den Traum leben zu können

Ein Business System zu entwickeln, kann ein wenig Zeit brauchen. Aus meiner Sicht haben Sie zwei Möglichkeiten:

1. Sie entwickeln Ihr Business System während Sie angestellt sind.
2. Sie machen sich zuerst selbständig und gewinnen somit mehr Zeit und Unabhängigkeit, um ein System zu entwickeln.

Sich zuerst selbständig zu machen, bietet Ihnen viele andere Vorteile. Sie haben eine freie Zeiteinteilung und können, wenn Sie hart arbeiten, mehr Geld verdienen, als wenn Sie angestellt sind.

Das Wichtigste ist sicher die Vorbereitung. Sie müssen einen konkreten Plan entwickeln, an den Sie sich halten können. Machen Sie deshalb Ihre Planung nicht allzu knapp.

Den Vollzeitjob kündigen

Ein Meilenstein in Ihrer Planung ist der Zeitpunkt, an dem Sie Ihren Vollzeitjob kündigen. Aus meiner Erfahrung hadern die Menschen viel zu lange damit, da Sie Angst haben, sich tatsächlich zu entscheiden. Warten Sie deshalb nicht zu lange und schieben Sie den Zeitpunkt nicht unnötig in die Zukunft. Das wird Sie nur von Ihrem Ziel abbringen und raubt Ihnen das Selbstvertrauen in die eigenen Fähigkeiten.

Finanzplanung

Sie werden einen gewissen Betrag an Geld sparen müssen (falls Sie es noch nicht haben) und Sie sollten sich über Ihre Fixkosten im Klaren sein. Es kann auch sein, dass Sie die ersten drei Monate überbrücken müssen.
Ein ganz wichtiger Tipp ist, dass Sie bereits als Angestellter kleine finanzielle Erfolge erzielen konnten. Erst dann sehen Sie nämlich, dass Ihre Idee funktioniert. Machen Sie bitte nicht den Fehler, dass Sie Ihren Job kündigen, ohne, dass Sie genau wissen, ob jemand Ihr Produkt überhaupt kaufen würde.

Ich möchte Ihnen ein kleines Beispiel geben:
Einkommen heute: 5000 Euro
Fixkosten heute: 4000 Euro
Benötigtes Kapital für Idee: 10'000 Euro
Ersparnisse: 20'000 Euro

Januar	Idee entwickeln
Februar	Erster finanzieller Erfolg, Idee weiter entwickeln und verbessern
März	Weitere kleine finanzielle Erfolge, Job kündigen
April	Kündigungsfrist
Mai	Kündigungsfrist
Juni	Selbständig!

Bis Ende Juni sollten mindestens 4000 Euro verdient worden sein und die Aussicht darauf entstehen, dass ein weiteres Einkommen kommt, auch wenn es anfangs nur ca. 2000 Euro pro Monat sind. Die Differenz zu den Lebenshaltungskosten muss dann halt aus den Ersparnissen erfolgen. Bis Ende Jahr könnten Sie so über die Runden kommen. Irgendwann werden Sie aber in der Lage sein, mehr als 5000 Euro pro Monat zu verdienen und der Einsatz wird sich mehr als gelohnt haben.

In dem Sie den Schritt wagen, sich zuerst selbständig zu machen, werden Sie ungeahnte Energien freisetzen. Das Entscheidende ist, dass Sie sich auf einkommensgenerierende Aktivitäten konzentrieren und nie den Fernseher einschalten. Dieser Fehler ist mir nämlich passiert. Auf einmal hatte ich so viel Zeit zur Verfügung, dass ich hunderte von Stunden vor dem Glotzkasten sass und meine Zeit vergeudete.

Sie müssen am Anfang zuerst eine gewisse Selbstdisziplin an den Tag legen, so dass Sie in einen Rhythmus kommen.

Irgendwann werden Sie dann in der Lage sein, Ihre Zeit so zu verbringen, wie Sie es wirklich wollen.

Passen Sie aber auf, dass Sie sich nicht einen Job kreieren und somit selbst zum Sklaven werden. Diese Menschen sind keine Unternehmer.

Ihr Unternehmer-Plan

Genauso, wie ein Unternehmen einen Plan hat, müssen Sie für sich selbst einen Plan entwickeln. Dabei werden Sie sehen, dass Sie viele Dinge, an die Sie vielleicht noch nicht gedacht haben, organisieren müssen. Stellen Sie sich folgende Fragen:

- Was muss ich noch lernen?
- Welche Informationen muss ich noch beschaffen?
- Mit welchen Personen muss ich noch sprechen?
- Wie viel Geld muss ich in mindestens verdienen?
- Welche operativen Bedingungen müssen erledigt werden?

Unternehmensidee finden

Stellen Sie sich vor, Sie hätten 10 Verkäufer, die ein Jahr lang gratis, 40 Stunden die Woche, zur Verfügung stünden. Sie könnten sie einsetzen, wie auch immer Sie möchten. Sie können Sie von Tür zu Tür schicken, auf der Strasse Leute ansprechen, täglich Kaltakquise am Telefon machen lassen, etc.

Welches Produkt würden Sie verkaufen lassen?

Antwort   _____

Mal angenommen, Sie hätten ebenfalls ein Büro, das Sie Ihnen gratis zur Verfügung stände. Wie würden Sie es einsetzen?

Antwort   _____

Glauben Sie, dass Sie so ein erfolgreiches Business aufbauen könnten?

In Wahrheit haben Sie genau diese Umstände zur Verfügung. Alles, was Sie tun müssen, ist das Ganze zu organisieren. Es gibt viele Menschen, die sich beruflich verändern möchten. Rekrutieren Sie diese Mitarbeiter und stellen Sie sie auf 100% Provision an. Ein Teil des Gewinnes verwenden Sie für die Büromiete.

Alles, was Sie brauchen, ist Mut und nichts anderes!

Die Qualität der Fragen

Die Qualität der Fragen, die Sie sich selbst stellen, entscheidet über Ihren Erfolg. Wenn Sie sich zum Beispiel fragen: „Warum passiert das immer nur mir?" Dann wird Ihr Unterbewusstsein versuchen, Ihnen eine Antwort zu geben. Die Antwort könnte dann zum Beispiel sein: „Weil Du so ein Verlierer bist!" Offensichtlich war die Qualität dieser Frage sehr schlecht.
Wenn Sie aber kreativ sind und sich andere Fragen stellen, dann werden Sie erstaunt sein, wie gut die Antworten sein können.

Alles, was Sie wissen müssen, ist heute bereits in Ihnen vorhanden. Sie müssen nur die richtigen Fragen stellen, um die gewünschten Antworten zu bekommen.

Gute Fragen könnten zum Beispiel folgende sein:

- Wie kann ich zusätzlich 1000 Euro bis zum 30. dieses Monats verdienen?
- Was habe ich heute bereits, dass ich verkaufen könnte?
- Wie könnte ich sofort Geld verdienen?
- Wie könnte ich etwas automatisieren, das mir ein passives Einkommen verschaffen wird?

Wenn Sie sich diese Fragen oft genug stellen und sich darauf konzentrieren, dann werden Sie auch irgendwann die entscheidenden Antworten erhalten.

Zusammenfassung

Checkliste

- ☐ Kennen Sie Ihre Werte, Talente und Fähigkeiten?
- ☐ Wissen Sie genau, was Sie wollen?
- ☐ Wissen Sie, mir welchem Business Sie Geld verdienen wollen?
- ☐ Haben Sie bereits einen ersten finanziellen Erfolg erzielt?
- ☐ Haben Sie sich entschieden, Ihren Job zu kündigen? Ist der Zeitpunkt definiert?
- ☐ Wissen Sie, wie Sie ein System aus Ihrer neuen Tätigkeit machen können?
- ☐ Haben Sie eine Form von Hebelwirkung eingesetzt?
- ☐ Haben Sie ein genau definiertes Unternehmensmanual mit Ihren Standards?

12 Projekte

Ich möchte Ihnen an dieser Stelle 12 kleine Projekte geben, die Ihre Fähigkeiten entwickeln, um Unternehmer zu werden. Die Projekte werden Ihnen Ideen, Marketingerfahrungen, Selbstvertrauen und Geld bringen. Wenn Sie diese kleinen Projekte durchziehen, dann sollten Sie fähig sein, erfolgreich ein eigenes Business System aufzubauen.
Einige der Projekte dauern eine Woche oder weniger, während andere mehr Zeit brauchen.

Damit Sie diese Projekte nicht alleine durchziehen müssen, können Sie mir die Resultate jeweils auf info@noeme.org schicken.

Projekt 1: Ideen generieren (1 Woche)

Schreiben Sie während einer Woche jeden Tag mindestens 15 verschiedene Business Ideen auf. Am Ende sollten Sie mindestens 100 Ideen haben.

Wählen Sie die besten fünf Ideen aus.

Projekt 2: Verkaufsbrief schreiben (1 Tag)

Nehmen Sie eine Ihrer neuen Ideen und verfassen Sie einen fünfseitigen Verkaufsbrief. Beschreiben Sie den Nutzen (nicht die Eigenschaften des Produktes), den ein Kunde haben wird, wenn er Ihr Produkt kauft.

Projekt 3: Inhalt einer Webseite kreieren (3 Tage)

Überlegen Sie sich, wie Sie Ihre Idee per Internet verkaufen könnten. Entwickeln Sie deshalb eine Webseite in einem normalen Word-Dokument.

Holen Sie zusätzlich Informationen ein, wie Sie Kreditkarten akzeptieren könnten.

Sprechen Sie mit mindestens drei verschiedenen Leuten, die Ihnen eine Webseite aufschalten könnten und holen Sie deren Preise ein.

Projekt 4: Idee testen (2 Wochen)

Dieses Projekt ist in drei verschiedene Teile aufgeteilt.

1. Entwickeln Sie eine Seite, die etwas Ihres Services oder Ihres Produktes gratis anbietet. Dies kann ein Informationsdokument oder etwas anderes sein. Kopieren Sie diese Seite 500 Mal und verteilen Sie sie in Briefkästen in Ihrer Nähe.
2. Schalten Sie ein kleines Inserat in der Lokalzeitung für 30 Euro. Bieten Sie eine Gratisinformation an, wenn jemand antwortet.
3. Gehen Sie selbst von Tür zu Tür und geben Sie Informationen zu Ihrem Produkt ab. Wenn jemand mehr Informationen will, dann soll er auf Ihre Webseite gehen oder Ihnen anrufen.

Projekt 5: 200 Email Adressen von Freunden und Bekannten sammeln (1 Woche)

Fragen Sie all Ihre Freunde und Bekannten, ob Sie Ihnen nicht einige Ihrer Email Adressen geben würden. Versenden Sie dann 200 Emails mit Ihrer Gratisinformation und erwähnen Sie, dass Sie die Email Adresse von Ihrem Bekannten bekommen haben.

Projekt 6: 90-minütige Gratispräsentation geben (2 Wochen)

Entwickeln Sie eine 90-minütige Powerpoint Präsentation, die Ihr Produkt oder Ihren Service beschreibt (erste Woche). Machen Sie dieses Seminar gratis und lernen Sie aus den Erfahrungen, die Sie daraus sammeln. Laden Sie Ihre Freunde ein, damit Sie sicher einige Teilnehmer haben. Machen Sie für dieses Seminar zusätzlich Werbung, indem Sie entweder Flyer in Briefkästen oder in einer belebten Strasse verteilen.

Projekt 7: Das erste kleine Business gründen (4 Wochen)

Wählen Sie eine bestimmte Zeit im Jahr, wie zum Beispiel Weihnachten, Ostern, Valentinstag, etc. und entwickeln Sie ein Produkt, das speziell für diese Zeit gedacht ist.
Verkaufen Sie es zu einem günstigen Preis und versuchen Sie, nach all den Kosten und Aufwand, einen kleinen Gewinn zu erzielen.

Projekt 8: Studenten oder Schüler als Verkäufer einstellen (3 Wochen)

Teil 1: Das Ziel dieses Projektes ist es, fünf Schüler oder Studenten anzuheuern, damit diese Ihr Produkt auf 100% Provision verkaufen. Hängen Sie ein Poster in einer Universität oder einer Schule auf und werben Sie für die Positionen.
Bieten Sie den Schülern eine attraktive Marge an und lassen Sie sie von Tür zu Tür gehen.

Teil 2: Stellen Sie fünf Schüler für einen bestimmten Stundenlohn ein. Diese sollen von Tür zu Tür gehen und Ihr Produkt verkaufen. Bieten Sie zudem noch eine Gewinnbeteiligung beim Verkauf des Produktes an.

Projekt 9: Drei Bücher lesen (3 Wochen)

Damit Sie mehr über die Motivation von Menschen verstehen, möchte ich, dass Sie in drei Wochen mindestens drei Bücher über Verkauf und Marketing lesen. Diese Bücher sollen Ihnen helfen, mehr über dieses Thema zu erfahren.

Sie können die Bücher frei wählen. Wenn Sie keine Ahnung haben, was Sie wählen sollen, dann empfehle ich Ihnen folgende Titel:

- Lebe begeistert und gewinne (Frank Bettger)
- Beyond Selling (Dan S. Bagley)
- Unlimited Selling Power (Moine)
- Power Marketing mit kleinem Budget (Jay Abraham)
- Erlebte Verkaufspraxis (Frank Bettger)
- Der 1-Minuten Verkäufer (Spencer Johnson und Larry Wilson)
- Ein Verkaufsbuch von Brian Tracy
- Ein Verkaufsbuch von Zig Ziglar

Projekt 10: Bitten Sie andere um Hilfe (1 Woche)

Sie werden erstaunt sein, wie viele Ihnen helfen werden, wenn Sie sie fragen. Fragen Sie einen Freund, ob er Ihnen nicht helfen würde, einen Teil Ihrer Arbeit für eine Business-Idee abzunehmen.

Projekt 11: Wie haben andere passives Einkommen geschaffen? (3 Wochen)

Suchen Sie fünf Firmenbesitzer auf und kontaktieren Sie diese per Telefon. Fragen Sie diese, ob Sie sie für eine halbe Stunde sprechen dürfen, da Sie vorhaben mehr über Ihr Business zu erfahren und da Sie sich auch selbständig machen wollen.

Finden Sie vor allem heraus, wie diese ein passives Einkommen geschaffen haben und auf welche Dinge Sie besonders achten müssen.

Projekt 12: Fit werden (4 Wochen)

Machen Sie mindestens fünf Mal pro Woche eine aerobe Aktivität als erstes am Morgen. Reduzieren Sie zudem Ihre Kalorieneinnahme und essen Sie mehr Protein.
Versuchen Sie in vier Wochen einige Kilos Fett abzubauen. Diese Übung soll Ihnen vor allem Selbstdisziplin und Selbstvertrauen geben.

Wenn es etwas gibt, das es wert ist zu versuchen, dann ist es wert, es mindestens 10 Mal zu versuchen.

Bei all diesen Übungen ist es wichtig, dass Sie einfach mal damit anfangen. Jeder kann nur dort anfangen, wo er gerade ist. Später können Sie Ihre Produkte und Texte immer noch verbessern. Wenn Sie etwas mindestens 10 x verkauft haben, dann ist das ein Indikator dafür, dass es funktionieren könnte.
Spielen Sie mit den neu gewonnenen Fakten und nicht mit dem, was Sie annehmen.

Sie können mehr, als andere glauben

Was Sie normalerweise in einem Jahr tun, können Sie auch in drei Monaten schaffen. Was Sie normalerweise in drei Monaten schaffen, können Sie auch in zwei Wochen erreichen.

Treten Sie deshalb dem 6 Uhr Klub bei. Das bedeutet, dass Sie jeden Morgen spätestens um 6 Uhr aufstehen und den Tag beginnen. Ich rate Ihnen auch, sich fit zu halten, damit Sie körperlich, sowie mental, in Höchstform sind.

In Bezug auf das, was andere von Ihnen denken, empfehle ich Ihnen, Ihre Ziele für sich zu behalten. Es wird genug Menschen geben, die Ihnen nicht zutrauen, dass Sie Ihr Business System mit passivem Einkommen aufbauen können. Für die meisten ist das einfach ausserhalb der eigenen Realität.

Leben

Das Leben kann so kurz sein:

Am Freitag sprach ich noch kurz mit einer Frau aus unserer Firma und als ich am Montag zur Arbeit kam, wurde mir mitgeteilt, dass sie bei einem Tauchunfall gestorben sei.
Der Bruder meines Freundes ist einfach so eingeschlafen: Herzstillstand. Niemand war sich vorher irgendeines Herzproblemes bewusst. Er war nur 27 Jahre alt.

Manchmal sind wir uns gar nicht bewusst, dass der Tod so schnell kommen kann. Ich frage mich immer, ob diese Personen Ihr Leben zum Vollsten gelebt haben, glücklich waren oder all das getan haben, was sie sich vorgenommen hatten.
Vielleicht befinden Sie sich in einem Job, der Ihnen keinen Spass macht. Verschwenden Sie bitte nicht Ihr Leben. Es ist Ihr Leben und niemand kann Ihnen vorschreiben, wie Sie es zu leben haben.
Geniessen Sie jeden Tag Ihres Lebens. Leben Sie Ihr Leben zum Vollsten. Vielleicht ist dieser Moment jetzt hart, aber in 10 Jahren wünschen Sie sich, dass Sie diesen Moment nochmals leben könnten.

Seien Sie bereit, etwas zu riskieren. Fragen Sie sich nicht für den Rest Ihres Lebens, was hätte sein können, wenn Sie doch heute etwas dagegen getan hätten.

Zynische Menschen träumen nicht mehr. Sie haben Angst. Sie haben früher geträumt und haben versucht, Ihre Träume zu erreichen. Leider haben Sie aber immer wieder versagt. Da wir nach dem Muster Schmerzen vermeiden und Lust gewinnen funktionieren, haben diese Ereignisse so wehgetan, dass es für uns einfacher war, den Traum aufzugeben, als weitere Niederlagen hinzunehmen. Das Schlimme daran ist aber, dass sie durch das Aufgeben, den ultimativen Schmerz bekommen haben.

Es wird auf Ihrem Weg zum Ziel viele geben, die versuchen werden, Ihnen Ihre Ziele auszureden. Lassen Sie sich Ihre Träume nicht stehlen. Es ist Ihr Leben.

Den eigenen Traum leben: Das Wichtigste im Überblick

- Nur, wenn Sie wissen, wer Sie wirklich sind und was Sie wollen, werden Sie langfristig glücklich sein.
- Erst, wenn Sie absolute Klarheit haben, können Sie in die Planung übergehen.
- Wir haben alle unsere Macht verloren. Indem wir kleine Erfolge kreieren, erhalten wir unsere Macht wieder zurück.
- Passen Sie aber auf, dass Sie sich nicht einen Job kreieren und somit selbst zum Sklaven werden.
- Alles, was Sie brauchen, ist Mut und nichts anderes!
- Alles, was Sie wissen müssen, ist heute bereits in Ihnen vorhanden. Sie müssen nur die richtigen Fragen stellen, um die gewünschten Antworten zu bekommen.
- Es wird auf Ihrem Weg zum Ziel viele geben, die versuchen werden, Ihnen Ihre Ziele auszureden. Lassen Sie sich Ihre Träume nicht stehlen. Es ist Ihr Leben.

Meine Bücherempfehlungen

- Cashflow Quadrant (Robert Kiyosaki)
- The E-Myth Revisited (Michael E. Gerber)
- Start Small, Finish Big (Fred De Luca)
- Multiple Streams of Income (Robert G. Allen)
- Wie man Freunde gewinnt (Dale Carnegie)
- Denke nach und werde reich (Napoleon Hill)
- Thinking Big (Brian Tracy)
- Retire young, retire rich (Robert Kiyosaki)
- Der Weg zur finanziellen Freiheit (Bodo Schäfer)
- Lebe begeistert und gewinne (Frank Bettger)
- Beyond Selling (Dan S. Bagley)
- Unlimited Selling Power (Moine)
- Power Marketing mit kleinem Budget (Jay Abraham)
- Der 1-Minuten Verkäufer (Spencer Johnson und Larry Wilson)
- Body for Life (Bill Phillips)
- Talente nutzen – erfolgreich sein (Thomas Cerny)
- Tu, was Dir am Herzen liegt (Andrew Matthews)
- Tue im Leben, was Du wirklich willst (A. Rusch und F. Bühler)
- Pour your heart into it (Howard Schultz)
- Make it big (Frank McKinney)
- Männer sind vom Mars, Frauen von der Venus (John Gray)
- Der 1-Minuten Manager (Kenneth Blanchard)
- Der 1-Minuten Manager und der Klammer-Affe (Kenneth Blanchard)
- The millionaire next door (T. Stanley and W. Danko)
- Die Gesetze der Gewinner (Bodo Schäfer)
- Bear Market Game Plan (Ross Jardine)
- Reichtum kann man lernen – Rich dad, poor dad (Robert Kiyosaki)
- Multiple Streams of Internet Income (Robert G. Allen)
- How to make millions with your ideas (Dan S. Kennedy)
- Conversations with millionaires (Mike Litman and Jason Oman)

- Die Gründer (Wolfgang Schur and Günter Weick)
- Die Biostruktur-Analyse (Rolf W. Schirm)
- Das Zen der ersten Million (Claus David Grube)
- Wie setze ich blockierte Energien frei (Prof. Dr. Eddie Meier)
- Mit Mental-Training zum Verkaufserfolg (Eddie Meier)

- Audio: The science of self-confidence (Brian Tracy)
- Audio: Personal Power II (Anthony Robbins)
- Audio: Getting Rich in America (Brian Tracy)
- Audio: How you can start, build, manage, or turnaround any business (B. Tracy)

Erkenntnisse auf einen Blick

Das Hamsterrad: Das Wichtigste im Überblick

- Absolut jeder hat die Fähigkeit, innovativ zu sein, wenn das eigene Leben davon abhängt.
- Als erstes sollten Sie verstehen, dass Sie selbst all das Potenzial bereits in sich tragen, um erfolgreich zu werden.
- Sie sind es sich und Ihrem Schicksal schuldig, Ihr Leben mit Vollgas zu leben.
- Ihr Chef kann (und wird) Sie nicht reich machen!
- Manchmal müssen wir im Leben etwas riskieren. Andernfalls ist unser Leben davon bestimmt, was andere von uns erwarten.
- 74% der Millionäre haben als Unternehmer durch ihr eigenes Business finanzielle Unabhängigkeit erreicht.

Unternehmertum: Das Wichtigste im Überblick

- Arbeitnehmer – Der Arbeitnehmer arbeitet im System.
- Selbständiger – Der Selbständige ist das System.
- Unternehmer – Der Unternehmer kreiert, besitzt und kontrolliert das System.
- Investor – Der Investor investiert in das System.
- Der Start ist das wichtigste überhaupt.
- 80% der Unternehmer haben ursprünglich mit einem anderen Produkt angefangen
- Es gibt keine Begrenzung, womit Sie sich nicht einen Lebensunterhalt verdienen könnten. Es gibt nur die Begrenzung in Ihrem eigenen Kopf, nicht mit 100% an die Sache zu gehen.
- Systeme schaffen – passives Einkommen erhalten.

Business Systeme: Das Wichtigste im Überblick

- Benutzen Sie Leverage (Hebelwirkung) in Ihrem Business.
- Schaffen Sie ein System, das nicht von Ihnen abhängig ist.
- Automatisieren Sie Prozesse so viel wie möglich.
- Stellen Sie Mitarbeiter ein, die Umsatz schaffen.
- Kreieren Sie einen Prototyp, der dupliziert werden kann.

Die Wahrheit über Erfolg: Das Wichtigste im Überblick

- Wie kann jemand eine Million verdienen, ohne vorher jemals 100'000 Euro gemacht zu haben? 100'000 Euro verdienen, ohne vorher jemals 10'000 Euro gemacht zu haben? 10'000 Euro verdienen, ohne vorher jemals 1000 Euro gemacht zu haben!
- Der Zeitpunkt, an dem Sie Ihren ersten finanziellen Erfolg erreicht haben, wird einer der wichtigsten Momente in Ihren Leben als Unternehmer sein.
- Das Gesetz der Konzentration.
- Finanziell frei bedeutet, dass Ihr passives Einkommen das Total Ihrer monatlichen Ausgaben deckt.
- Der erste Euro aus passivem Einkommen, wird der wichtigste Euro sein, den Sie jemals verdient haben.
- Es gibt keine Erfolgsgeheimnisse. Erfolg ist lediglich das Resultat von Vorbereitung, harter Arbeit und das Lernen aus Fehlern.
- Erfolg ist vor allem einfach in Europa.
- Die meisten Menschen suchen Sicherheit in einem Job. Sie realisieren aber nicht, dass dies ein Trugschluss ist.

Selbstvertrauen: Das Wichtigste im Überblick

- Die Wahrheit ist jedoch, dass nur Angst und Zweifel in Ihre eigenen Fähigkeiten das einzige ist, was Sie zurückhält.
- Die Vergangenheit entspricht nicht der Zukunft.
- Wenn Sie an die Spitze kommen wollen, dann müssen Sie sich dafür **entscheiden**, an die Spitze zu kommen.
- Schreiben Sie 15 Erfolge aus Ihrem Leben auf.
- Leben Sie immer in Wahrheit mit allen Menschen und allen Umständen.
- Die wirkliche Grundlage für Selbstvertrauen bilden Ihre Werte.
- Lernen (1) – Etwas Erfolg (2) – Misserfolg (3) – Lernen (4) – Viel Erfolg (5)
- Machen Sie sich keine Sorgen über mögliche Fehlschläge. Sorgen Sie sich lieber über die Gelegenheiten, die Sie verpassen, wenn Sie es nie probieren.
- Der Mutige schaut sich seine Ängste an und macht dann trotzdem das, was ihn weiterbringt, obwohl er Angst hat.
- Niemand ist wirklich besser als Sie und niemand ist wirklich klüger als Sie.

Selbstfindung: Das Wichtigste im Überblick

- Wir alle haben eine einzigartige Begabung, und wir sind hier, um diese zu entdecken.
- Sie werden niemals beruflichen Schiffbruch erleiden, wenn Sie das tun, wozu Sie eigentlich geboren wurden.
- Finden Sie Ihre Leidenschaft.
- Tun Sie im Leben nur, was Sie wirklich wollen.

- Wenn Sie nicht wissen, was Sie tun sollen, dann tun Sie, was Ihnen am nächsten kommt. Die Antwort wird irgendwann kommen.
- Arbeiten Sie mit einem Ideen – und Erfolgsjournal.
- Wie sieht Ihr Mission Statement aus?
- Sie werden nur dann wirklich glücklich sein, wenn Sie eine Tätigkeit ausüben, die in Harmonie mit Ihrem Typ ist.
- Was sollten Sie eigentlich tun?

Die Macht der Klarheit: Das Wichtigste im Überblick

- Wenn Ihr Ziel nicht bis ins letzte Detail klar formuliert ist, werden Sie gar nichts erreichen.
- Klarheit kann ein Augenöffner sein.
- Ich bin davon überzeugt, dass Sie sich möglichst hohe Ziele setzen sollen. Dennoch können zu hohe Ziele sehr demotivierend sein.
- Kurzfristige Ziele bewegen uns zur Aktion.
- Menschen mit Zielen sind erfolgreich, weil sie wissen, in welche Richtung sie gehen. Das ist das ganze Geheimnis.
- Überdenken Sie bitte Ihre heutigen Gewohnheiten.
- Sie haben viel mehr Zeit, als Sie glauben.
- Menschen, die planen, sind 4x so erfolgreich, wie Menschen, die nicht planen.
- Nichts ist wirklich schwierig, wenn man es in kleine Zwischenziele runterbricht.
- Hängen Sie Ihre Ziele dort auf, wo Sie sie täglich sehen.
- Konzentrieren Sie sich auf das Wesentliche.

Finanzielle Freiheit: Das Wichtigste im Überblick

- Sie sind dann finanziell frei, wenn Ihr passives Einkommen, Ihre monatlichen Kosten deckt.
- Verbindlichkeiten loswerden, Einkommen automatisieren, Vermögen aufbauen
- Verbindlichkeiten machen Sie arm.
- Schulden sind nicht ok – egal was die Werbung uns glauben machen will.
- Überprüfen Sie Ihre Glaubenssätze bezüglich Geld.
- Statistiken zeigen, dass es 4x leichter ist, Geld mit einer Kreditkarte auszugeben, als dafür bar zu bezahlen.
- Sie müssen Ihre Strategie ändern und etwas anderes, als die Masse tun.
- Jedes Einkommen kommt durch den Verkauf von Produkten an Endbenutzer.
- Sie sollten sich angewöhnen, mit 65% Ihres Lohnes auszukommen.
- Ihre eigene Zeit zu verkaufen, wird Sie nie reich machen.
- Als erstes müssen Sie die Fähigkeit entwickeln, Geld aus Luft zu erfinden.

Die Vermarktung Ihrer Idee: Das Wichtigste im Überblick

- In Wahrheit ist Kreativität lediglich nur harte Arbeit.
- Lernen Sie alles über das Thema Verkaufen.
- Wer ist Ihre Zielgruppe?
- Alles basiert auf einer Quotenrechnung.
- Es gibt drei Möglichkeiten, Ihren Umsatz zu erhöhen: Durchschnittlicher Verkauf erhöhen, Kundenanzahl erhöhen, Anzahl Transaktionen pro Jahr erhöhen.
- Kopieren Sie erfolgreiche Strategien. Wenn Sie das tun, was

andere erfolgreich macht, werden Sie die gleichen Resultate erzielen.
- Testen Sie zuerst alles. Nur so finden Sie heraus, was wirklich funktioniert und was nicht. Nehmen Sie niemals etwas einfach so an.
- Bieten Sie ein Angebot an, dass nicht abgelehnt werden kann.
- Schalten Sie das Risiko einer Transaktion für den Kunden aus.
- Benutzen Sie das Internet, um Marketing zu betreiben.

Info – Preneurship : Das Wichtigste im Überblick

- In jedem von uns steckt das Wissen für mindestens ein Buch.
- Sie brauchen eine gute Geschichte, eine Expertise, die Menschen wollen und einen starken Marketingplan.
- Als erstes brauchen Sie eine Kernidee. Diese Kernidee bildet dann die Grundlage für Ihr Unternehmen.
- Beginnen Sie immer mit dem günstigsten Produkt. Das kann ein Gratis-Seminar oder ein Gratis-Report sein, den Sie anbieten, um den Kunden in den Trichter zu bringen.
- Der Schlüssel ist die Liste.
- Sie brauchen nur 2000 Kunden und nicht die halbe Welt, um finanziell frei zu sein.
- Liefern Sie immer mehr, als von Ihnen erwartet wird. Das wird Menschen dazu motivieren, weiter bei Ihnen einzukaufen.

Mentale Stärke: Das Wichtigste im Überblick

- Egal, was Sie erreichen wollen, ohne die richtige mentale Einstellung, werden Sie gar nichts erreichen.
- Niemand wird zu Ihrer Rettung kommen. Wenn Sie wollen, dass etwas Positives in Ihrem Leben geschieht, dann müssen Sie es selber tun.
- Temporäre Rückschläge zu erleben ist ein unvermeidbarer Teil des Lebens.
- Faulheit ist eine geheime Zutat, die im Misserfolg vorhanden ist. Diese Zutat ist aber von der Person, die versagt hat, geheim gehalten worden.
- Die Geschichten, die wir uns erzählen, sind das Einzige, was uns davon abhält, das zu kriegen, was wir wirklich wollen.
- Mittelmässigkeit bedeutet nicht, dass Sie sich mit anderen Menschen vergleichen. Es ist jedes Mal, wenn Sie sich mit weniger zufrieden geben, als Sie eigentlich im Stande sind, zu erreichen.
- Wenn Sie sich wirklich zu 100% auf eine Sache konzentrieren, werden Sie es schaffen.
- Sie dürfen einfach nicht aufgeben. Wenn das Ziel wirklich erstrebenswert ist, dann werden Sie irgendwann die richtige Lösung finden.
- Nur wenn Sie besser werden, wird auch Ihr Leben besser.

Den eigenen Traum leben: Das Wichtigste im Überblick

- Nur, wenn Sie wissen, wer Sie wirklich sind und was Sie wollen, werden Sie langfristig glücklich sein.
- Erst, wenn Sie absolute Klarheit haben, können Sie in die Planung übergehen.
- Wir haben alle unsere Macht verloren. Indem wir kleine Erfolge kreieren, erhalten wir unsere Macht wieder zurück.
- Passen Sie aber auf, dass Sie sich nicht einen Job kreieren und somit selbst zum Sklaven werden.
- Alles, was Sie brauchen, ist Mut und nichts anderes!
- Alles, was Sie wissen müssen, ist heute bereits in Ihnen vorhanden. Sie müssen nur die richtigen Fragen stellen, um die gewünschten Antworten zu bekommen.
- Es wird auf Ihrem Weg zum Ziel viele geben, die versuchen werden, Ihnen Ihre Ziele auszureden. Lassen Sie sich Ihre Träume nicht stehlen. Es ist Ihr Leben.

Noch ein Tipp...

Falls Ihnen das Buch gefallen hat und Sie gerne mehr über dieses Thema oder über den Autor erfahren möchten, so gehen Sie doch auf www.noeme.org

www.ingramcontent.com/pod-product-compliance
Lightning Source LLC
Chambersburg PA
CBHW070942230426
43666CB00011B/2525